從飛行員到IBM總裁

敢於夢想，並忠實於夢想的小托馬斯·沃森

Thomas John Watson, Jr.

趙一帆 著

崧燁文化

目錄

叛逆倔強的青年

公司的新掌門人

前言

那是西元一八〇〇年，愛爾蘭裔法國著名經濟學家理查・坎蒂隆著作了《商業性質概論》一書，他在該書中首次對「企業家」進行了定義，闡釋企業家是專門承擔風險的人。

後來，奧地利著名政治經濟學家約瑟夫・熊彼得在所著《資本主義、社會主義與民主》中指出，企業家就是創新者，就是不斷探索新的可能方案，不斷尋找新的意義所在，不斷發現新的實現自我的途徑。按照他的定義，企業家的內涵和外延要廣泛得多，不僅包括在交換經濟中通常所稱的生意人，也包括公司僱傭人員，例如經理、董事會成員等。

美國著名企業家克雷格・霍爾在所著《負責任的企業家》中指出，企業家是做實事的人，是冒險家，是風險承擔者，他們對朋友、商界夥伴和社會是負責任的。也就是說，企業家不僅是社會革新者，更是社會責任與信用關係的維護者，並且致力於改進社會。

總之，「企業家是不斷在經濟結構內部進行『革命突變』，對舊的生產方式進行『創造性破壞』，實現經濟要素創新組合的人。」他們創造物質財富，推動社會不斷進步，使得人們更加幸福。財富雖然只是一個象徵，但它與人們的生活、國家的發展、民族的強盛等息息相關。

企業家也創造巨大的精神財富，他們在追求財富過程中所表現出來的創新、冒險、合作、敬業、學習、執著、誠信和服務等精神，值得我們每一個人學習。這種企業家精神是這個特殊群體的共同特徵，也是他們獨特的個人素質、價值取向以及思維模式，是他們行動的理性超越和精神昇華。

當然，企業家是在創造財富的實際行動中，在點點滴滴的事例中體現出偉大精神的。我們在追尋他們成長發展的歷程時就會發現，雖然他們成長發展的背景各不相同，但他們在一生中所表現出的辛勤奮鬥和頑強拚搏的精神，則是殊途同歸的。

這正如美國著名思想家和文學家愛默生所說：「偉大人物最明顯的標誌，就是他們擁有堅強的意志，不管環境怎樣變化，他們的初衷與希望永遠不會有絲毫的改變，他們永遠會克服一切障礙，達到他們期望的目的。」同時，愛默生認為：「所有偉大人物都是從艱苦中脫穎而出的。」

為此，我們特別推出了《中外企業家成長啟示錄》叢書，精選薈萃了現當代中外在鋼鐵、石油、汽車、船運、時裝、娛樂、傳媒、電腦、訊息、商業、金融、投資等方面最具有代表性的企業家，主要以他們的成長歷程和人生發展為線索，盡量避免冗長的說教性敘述，採用日常生活中富於啟發的小故事來傳達他們的精神。尤其著重表現他們所處時代的生活特徵和他們建功立業的艱難過程。本套作品充滿了精神的力量、創業的經驗、經營的學問、管理的智慧以及財富的觀念，相信我們廣大讀者一定會產生強烈的共鳴和巨大的啟迪。

為了讓廣大讀者更方便地了解和學習這些企業家，我們還增設了人物簡介、經典故事、人物年譜和名人名言等相關內容，使本套作品更具可讀性、指向性和知識性。

為了更加形象地表現企業家的發展歷程，我們還根據他們的成長線索，適當配圖，使之圖文並茂，形式新穎，以便更加適合讀者閱讀和收藏。

我們在編撰本套作品時，為了體現內容的系統性和資料的詳實性，參考和借鑑了大量資料和許多版本，在此向所有辛勤付出的人們表示衷心謝意。但仍難免出現掛一漏萬或錯誤疏忽，懇請讀者批評指正，以利於我們修正。我們相信廣大讀者透過閱讀這些著名企業家的人生成長與成功故事，會更好地把握自我成長中的目標和關鍵點，直至開創自我的幸福人生！

人物簡介

名人簡介

小托馬斯・約翰・沃森（Thomas Watson Jr，1914～1993），美國著名企業家。畢業於布朗大學，後加入美國空軍，成為一名飛行員。一九五六年繼承父業，擔任國際商業機器公司（International Business Machines Corporation，IBM）總裁；一九七一年辭去總裁職務。在他的苦心經營下，國際商業機器公司成了世界電腦行業中獨占鰲頭的巨型公司，而且一躍成為世界上第五大工業企業。

小托馬斯・約翰・沃森，出生於美國俄亥俄州的代頓市。小時候機靈、調皮，富有冒險精神。青年時期小沃森對父親所經營的公司沒什麼好印象，一九三七年，畢業於美國布朗大學後被迫前往國際商業機器公司銷售學校，熬了兩年堅持到學業結束。小沃森成了正式銷售員。

他有股倔勁：「我不能讓國際商業機器公司支配我的生活。」

之後，小沃森進入航空領域任職。有一次，他在機場跑道上和父親發生衝突，最後大聲說：「你可能永遠不離開我嗎？」

一九四二年，第二次世界大戰時，小沃森到美國空軍服役，暫時逃脫了父親。

一九四六年退役後作為推銷員進入國際商業機器公司，一九五二年擔任國際商業機器公司總裁。一九五六年老沃森去世後，小托馬斯・約翰・沃森接替了父親的職務，使國際商業機器公司繼續迅猛發展，一九六五年躋身全美十大企業，並成為世界上最大的電腦公司。

一九七一年因病辭去董事長職務。後來成為美國駐前蘇聯大使，直至一九八〇年。

一九九三年十二月三十一日，小沃森因中風併發症去世，享年七十九歲。

成就與貢獻

在六十年的歲月裡，老沃森和兒子小沃森共同打造了國際商業機器公司這個國際性大公司的品牌。

小沃森不僅繼承了父親的事業，而且還富有遠見地實現了國際商業機器公司的歷史性轉舵：從機械時代轉入電子時代，並把父親去世時收入已達四億美元的國際商業機器公司發展到了收入為七十五億美元的電腦行業翹楚。

地位與影響

小沃森建立了國際商業機器公司獨特的企業文化，這些來自於他管理的真知灼見，使他成為美國最具領袖魅力的老闆之一。他大膽決策，幫助國際商業機器公司搶得進入數位經濟的領先位置，把國際商業機器公司建設為世界上規模最大的電腦公司。有人恰如其分地形容小沃森說：「他用左手接過父親思想中的重要主題，右手卻成為迎接人類電腦產業春天的第一隻幸運之手。」

少年時期的生活

父親用自己的一舉一動來影響我，薰陶我，使我的言談舉止帶上一副紳士的派頭。他認為這是待人接物最重要的技巧。

——小托馬斯・沃森

生在普通家庭中

一九一四年冬。美國俄亥俄州代頓市。寒風呼嘯，人們大都躲在家裡，但是四十歲的托馬斯・沃森卻不行，因為他現在心裡正燒著一團火。他從火車站一下車，就匆匆地往家趕。

托馬斯是一家蘇格蘭和愛爾蘭混血移民的唯一兒子。父親在紐約州過著清貧的生活，靠伐木和種地謀生。

一八八〇年代，當托馬斯還是個孩子時，紐約州還很原始。父母帶著托馬斯和四個姐姐，全家住在漆郵鎮附近一座沒有自來水的小木屋裡。他最早的工作是於十七歲時趕著馬車到一些農戶家銷售鋼琴、風琴和縫紉機。銷售成了他踏入社會的敲門磚。

托馬斯精明、機敏，風度翩翩，談吐含蓄，富有魅力。他的第一個老闆叫布朗森，搞五金生意。他借給托馬斯一輛馬車，一個星期付十二塊錢。托馬斯認為這是一個不少的數目，比漆郵鎮銀行的出納員拿的錢都多。

直至有一天，一位風琴公司的推銷員問他：「你幹得真不錯。你拿多少錢？」

當托馬斯自豪地告訴他之後，他說：「你被人家耍了！」

他告訴托馬斯，推銷員通常拿的是傭金，而不是工資。如果按傭金算的話，布朗森每星期應付給他六十五美元。

第二天，托馬斯辭去了工作。從那以後，他總是爭取按傭金取酬，保證拿到他該拿到的報酬。

托馬斯見的世面越大，進取心就越大。他並沒忘記，小時候站在泥濘的路旁，看著科寧玻璃公司的創辦人小霍頓先生的馬車疾駛而過，心裡就幻想將來自己也會有一輛。在他闖過了幾道關口轉行銷售現金出納機時，他看到了發財的更大機會。

當時，一位芝加哥的律師把托馬斯邀請到他位於密西根湖畔的一座豪華住宅。這位律師告訴托馬斯說：「我也是農家孩子出身。」那時托馬斯才十九歲，他去布法羅城找工作，向農戶出售縫紉機。

有時，托馬斯不得不住在雜貨店地下室的海綿堆上。他只有一件西服。當他有錢洗熨衣服時，他得穿著內衣在裁縫店後邊等著，直至衣服被熨好。

布法羅城裡第一個賞識托馬斯的才幹的，是一個名叫巴倫的推銷員。他雇托馬斯做他的助手。但不幸的是，巴倫是一個外表華麗的城市油子。他在伊利湖沿岸城鄉兜售北紐約州建築公司和貸款協會的股票。每當巴倫來到一個城市，他都要在當地旅館裡租一套最好的房間，然後對領班說：「我是巴倫。吃飯期間我需要侍者呼喊我三次。我自有我的理由，你不必過問。這裡是給你的兩塊錢。」

消息很快就會傳開：城裡來了一位重要的陌生人，出售建築公司和貸款協會的股票。股票本身是合法的，買者以分期付款的方式購買股票，如同儲蓄計劃一樣。巴倫以第一筆付款作為他的傭金，使他生活得相當闊綽。

但是一年以後，一切都破滅了。在一次外出銷售旅途中，一天早晨托馬斯醒來時，發現巴倫不見了。他帶走了他們所有的錢。這個突如其來的變故給托馬斯打擊不小。

但是，托馬斯有能力從挫折中站起來。從他的樂觀主義經驗中產生了「把事做成」、「永遠向上」、「拿出你最好的勁頭來」等信條。他知道怎樣發現別人察覺不到的機會。

現金出納公司是美國最著名的公司之一，老闆叫約翰・亨利・帕特森，他是出身於代頓市的一位大亨。不久，托馬斯就成為了此公司的重要推銷員。

帕特森的天才是把一些像托馬斯一樣質樸的、文化教育程度不高但又野心勃勃的商界遊蕩者挑選出來，把他們訓練成美國第一流的推銷人才。他讓他的推銷員們學習和使用一套標準的推銷術，利用開會和競爭等方法來刺激和調動他們的積極性，使他們的銷售額驚人地高。他的一個發明是，把整個銷售領域分成數個獨立的王國，這樣，推銷員們用不著擔心同事會來搶他的生意。

由於現金公司實際上已壟斷了出納機市場，所以這種區域的劃分就顯得更有意義。帕特森給推銷員的報酬很優厚，一星期一百美元，這對於一個只有幾年工作經歷的人來說，是不尋常的。

業。

在此之前，推銷是一份下賤的工作，但在帕特森的管理下，它幾乎變成了一項職業。

托馬斯憑自己的努力，在公司裡的地位不斷升高，到十六年之後他認識珍妮特・基特里奇時，他已是帕特森的第二把手。

托馬斯身材修長、儀表英俊、穿著考究，因此，在代頓城裡，他是一個條件最佳的單身漢。人們經常看到他開著一輛帕特森送給他的漂亮轎車四處兜風。他已經積累了足夠的錢。當父親患糖尿病去世時，他自然而然地成了家中的頭，擔當起撫養母親和姐姐的任務。他把她們安置在紐約羅切斯特一座石砌的大房子裡。

在托馬斯認識珍妮特之前，他曾有過一個在費城當歌劇演員的女朋友。但他想要一個生活裡真實的夥伴，於是，他等待著，直至發現一位既聰明又有社會地位的女士。

珍妮特家在代頓城頗有名望。她的父親是巴尼和史密斯鐵路車廂公司的總經理。

這個公司製作鐵路客車車廂。

珍妮特第一次注意到托馬斯，是在一個鄉間俱樂部的晚餐上。當她環顧餐桌時，發現除了自己外，托馬斯是唯一沒動酒杯的人。她的父親是一個嚴格的禁酒主義的長老會教徒，她知道她挑選的伴侶必須經過他的同意。因此，她當時立刻想到：「這就是我要和他結婚的人。」她的父親同意了這樁婚事。

帕特森更是高興。他總是希望他的僱員在代頓社區能取得更高的地位。當托馬斯和珍妮特去西海岸觀光度蜜月回來後，帕特森出人意外地送給他們一把房門鑰匙，這座新房就在帕特森家旁邊。

托馬斯多年的理想似乎實現了。當年春天，意外之喜降臨了，珍妮特懷孕了，年近四十歲的托馬斯每天都生活在喜悅之中：「我冬天就要當爸爸了！」

果然不出托馬斯所料，他的鄰居一遇到他就為他報喜，他所渴望的得到了回報——中年得子，他的妻子珍妮特為他生下了一個可愛的男孩。

托馬斯一進家門，就欣喜地聽到了嬰兒的哭聲。他放下公文包，奔進臥室，立刻就看到了妻子旁邊襁褓中有一個小腦袋在不安地晃動。

托馬斯三步兩步跨到床邊。珍妮特疲憊但帶著幸福地對他說：「托馬斯，快來看看你的大兒子吧！」

夫妻兩個一起注視著這個粉紅色的小生靈。奇怪的是，小傢伙一看到托馬斯，立刻就停止了哭鬧，睜著大大的眼睛盯著父親。

托馬斯咧開大嘴笑了，並在兒子的臉上親個夠。

珍妮特看著丈夫多年未流露出的孩子氣，心裡充滿了做母親的自豪。她輕聲說：「托馬斯，你看兒子長得多像你啊！我看他長大了一定能跟你一樣成為一個出色的男子漢！」

托馬斯只是連聲答應著：「是啊，是啊！那當然……」

珍妮特接著說：「那你給我們的寶貝起個名字吧！」

托馬斯聽了一愣：「名字？是啊，是啊，當然要有個名字。」但他的心思明顯還沒往這上面想呢。

珍妮特又好氣又好笑：「你老『是啊，是啊』什麼？什麼叫『當然』？莫不是叫『是啊・當然』？」

托馬斯恢復了平靜：「嗯，你剛才說他像我？」

珍妮特說：「那當然了！哈哈，你看我受了你的感染，也說起『當然』來了。不過你自己看，他就活脫脫是你的翻版呢！」

托馬斯眼睛突然一亮：「那好吧，還是用我的名字『托馬斯・約翰・沃森』，不過在前面加一個『小』字就行了！就稱呼他『小沃森』好了。」

珍妮特笑著說：「那還不如乾脆叫『沃森二世』！」

托馬斯卻不以為然：「沒錯，就按我說的，就叫『托馬斯．約翰．小沃森』。就這麼定了。」他的語氣不容置疑。

珍妮特賭氣說道：「那以後就叫你老托馬斯好了。」果然，人們都開始稱呼托馬斯為老托馬斯了。

在外人看來，老托馬斯現在正是平步青雲的時候，人們看著他作為大名鼎鼎的現金出納公司的二把手，開著帕特森獎勵給他的漂亮轎車在大街上風馳電掣，威風八面。

但在老托馬斯心裡，其實他心中的苦悶只有他自己知道。所謂「木秀於林，風必摧之」，中國還有句古話叫「功高震主」。老托馬斯的人氣上升得很快，帕特森感覺到了不可遏制的威脅，於是他開始暗中防範老托馬斯，有些事情也不透過老托馬斯的同意。

帕特森是一個專斷、反常、怪僻的老闆。他以威嚴和恐嚇來管理員工。在一次時間較長的銷售會議上，他認為有些人沒有集中精力，就順手抄起一把消防斧將一台現金出納機當場砍得稀爛。他所中意的經理可以得到優厚的報酬，對於那些不討他喜歡的人，他懲罰的手段簡直近乎殘酷。這也使帕特森遠近聞名。

帕特森總是解僱他最好的僱員。他幾乎擁有全部的公司股票，卻不合情理地擔心某個僱員會將公司奪走。

有一個副總裁在帕特森那兒說了壞話。他說老托馬斯拉幫結夥，扶植親信。

公元一九一三年的一天，老托馬斯正在銷售會議上講話，帕特森來了。他徑直走上講台，打斷老托馬斯的發言，將在座的其他人褒獎一番，完全不理睬老托馬斯。

老托馬斯的自尊受到極大的傷害。因為他正是在帕特森的調教下一步步走到高級管理者的位置上的，從內心裡他十分尊重帕特森，一直將他當作自己的老師，更別說要與他爭權奪利了。

這種場景不止發生過一次，每次都讓老托馬斯尷尬萬分，他感到，不想在這樣的環境中待下去了。

老托馬斯畢竟還是喜愛這份工作的，所以他猶豫了很久。但帕特森的蠻橫和獨斷使他越來越難以忍受，於是他終於跟妻子商量說：「珍妮特，我想和你商量一下。」

珍妮特見老托馬斯臉色十分鄭重，就放下小沃森，問道：「什麼事？」

老托馬斯咬了咬嘴唇，然後說：「我覺得，跟帕特森越來越難相處了，他處處跟我為難。我想離開公司，只是……」

珍妮特明白了：「只是你覺得要重新開始，會讓我和孩子受苦是嗎？」

老托馬斯痛苦地說：「是啊，孩子才這麼小，會讓你們受委屈的。所以我心裡忐忑不安。」

珍妮特通情達理地說：「放心吧，親愛的！不管你做出什麼決定，我都永遠支持你。」

老托馬斯感激地望著妻子：「親愛的，謝謝你的善解人意！」

珍妮特又問：「那，親愛的，你想好了去哪裡重新開始創業嗎？」

老托馬斯說：「這幾天我都考慮過了，我們就去紐約，我希望能在那裡找到用武之地。」

珍妮特說：「我知道你是對的，就去做吧！」

隨後，老托馬斯就向帕特森提交了辭呈，帕特森心中大喜，但面帶惋惜地很痛快地就批准了老托馬斯的辭職。

走出自己工作了十八年的現金出納公司，老托馬斯回頭看著公司大門，感慨萬千：「我已經年近不惑了，而且剛剛有了自己的兒子，卻不得不從頭再來了！」

淘氣頑皮的童年

一九一四年冬，老托馬斯帶著妻子珍妮特、剛出生的兒子小沃森來到紐約，在一個距紐約二十英里名叫肖特黑爾的鎮子裡安下家來。

老托馬斯此時已經是商界的成熟人士了，肯定會挑選一個高級的職位。老托馬斯找工作有一種挑剔性。他很自信能找到工作，因為他幾乎能推銷所有的產品，是一個頗有聲望的推銷員。他很快拒絕了電氣船舶公司的邀請，因為這家公司為海軍製造潛艇。

老托馬斯還拒絕了雷明頓武器公司的應徵。由於第一次世界大戰已在歐洲爆發，這兩家公司的生意一定很興隆，但老托馬斯想，一旦戰爭結束他們就沒生意可做了。

老托馬斯也放棄了道奇汽車公司的機會，因為道奇兄弟不同意他提出的要求。他要求按股份分紅，而不是做一個領工資的被雇經理。但是，老托馬斯沒有資本去買一個自己擁有的公司，也沒有經商賺錢的好主意。

兩個月後，老托馬斯遇上了查爾斯・弗林特。在那些日子裡，弗林特是華爾街最紅火的金融家。人們管他叫「信託大王」。他是個小個子，一臉絡腮鬍和山羊鬚。在創辦美國橡膠公司的過程中，他起過決定性的作用。他投資於汽車和飛機工業，在軍火買賣中賺過大錢也折過本。在一九〇四年的日俄戰爭中，他是沙皇的軍火代理商。

弗林特聘用老托馬斯做計算製表記錄公司的經理。此公司是他於一九一一年組建起來的，所出的產品有天平、磅秤、計時鐘和製表機等。無奈弗林特經營不善，讓公司欠了一屁股債，幾乎瀕臨倒閉。一千兩百名職工憂心忡忡，士氣低落，連董事會也在談論清算問題。

作為董事會成員的弗林特決定引進一位新經理來挽救危局，或者至少減輕一點股東們的損失。

老托馬斯之所以對計算製表記錄公司感興趣，是因為它的產品與辦公室的職員們有關，特別是計時鐘和製表機。一位名叫霍勒雷司的工程師曾經發明過一種製表機，幫助政府處理過一八九〇年的普查結果。

至二十世紀初，一些初級的霍勒雷司製表機已被鐵路和保險公司的會計部門所使用。老托馬斯看出這種產品大有改進的餘地，並設想出它廣闊的商業前景。美國的工業正在以前所未有的規模發展，如果大公司們都陷入繁重的文書工作，他們一定要尋找辦公自動化的工具。

當弗林特僱用他時，他對弗林特說：「我需要一份紳士的薪水才能養活全家，並且我需要獲得股東分紅之後盈餘利潤的一定百分比。」

弗林特立即心領神會，說：「我明白，你想得到你應該得的報酬。」後來，弗林特將這種安排告訴其他董事，他們都不以為然。因為公司看來很難能有剩餘的利潤。

老托馬斯在計算製表記錄公司所採取的第一個步驟，是向此公司最大的債權人擔保信託銀行借貸五萬美元，作為開發研究新產品的經費。當銀行指出公司已欠債四百萬美元已沒有資格再要求貸款時，老托馬斯回答說：「負債表只說明過去，這筆貸款是為了未來。」

擔保信託銀行同意了。其結果，製表機得到改進，並極大地開拓了它的市場。由於老托馬斯是從底層摸爬滾打出來的，所以他深知：如果要想獲得下屬的忠誠，必須首先尊重他們。

老托馬斯運用了一些帕特森的技巧來激勵鼓舞公司員工低落的士氣，他創造公司的口號和歌曲，創辦了一張公司小報和學校。所有這些都是對現金出納機公司的模仿，但老托馬斯只模仿帕特森好的經商之道，不好的就拋棄。

在紀律要求方面，他對計算製表記錄公司如同現金出納機公司一樣嚴格，但在管理哲學方面要有人情味得多。他告訴大家，他需要他們，他的任務就是改變公司的困境。在老托馬斯的努力下，公司終於起死回生並取得了很大發展。

當時，他們一家住在一個很時髦的小社區裡，主要居民都是和老托馬斯一樣在城裡工作的人。肖特黑爾鎮有一個火車站，一座有主教的教堂、一所私立學校和一所公立學校，以及一片寬敞高大、每座占地都有四五英畝的房子。

老托馬斯一家那座三角形的房子坐落在一座小山上，房子的屋頂都是用石板做成的。在房子後邊，有一個雞舍、一個很大的菜園和一個馬廄。附近還有兩個池塘，那可是小沃森的樂園，他天天在那裡與小夥伴們一塊兒玩耍。

離村鎮不遠，有些人就靠在沼澤地裡設置捕獸陷阱謀生。池塘周圍根本沒人住，只有一座儲冰用的大木頭房子。冬天，一些馬拉的雪橇在這裡行走。

一九一九年二月裡一個寒冷的夜晚，老托馬斯在火爐裡塞滿木頭點燃火爐之後，聽到小沃森在樓上哭。那時小沃森才五歲。於是老托馬斯就上樓來哄兒子。剛上到樓梯，小沃森就喊：「爸爸，我看見我的房間有奇怪的光。」

火苗已經竄到窗外，原因是煙囪裡的火星燒著了木板的房頂。大火燒毀了整座房子，燒掉了珍妮特從代頓帶來的全部陪嫁物品，但她從沒有抱怨過丈夫。

小沃森雖然用了父親同樣的名字，但他可一點也不像父親那樣規矩老實。他調皮搗蛋，搞惡作劇，到處惹是生非，當時村鎮有句俗話：「找小沃森嗎？聽聽哪裡出了亂子，他準在那裡！」因此小小年紀就混出了一個渾號「可怕的湯姆・沃森」。

所有人都知道小沃森的惡名，所以那些希望孩子長大了有出息的家長都一再告誡自己的孩子：「離小沃森遠一點，免得被他帶壞了！」

小沃森當然也得為自己闖下的一個個大大小小的禍付出代價，那就是他經常可以聽到脾氣暴躁的父親的巴掌擊打在自己屁股或者什麼地方的聲音。

珍妮特雖然也生氣小沃森，但她怕老托馬斯下手太重把孩子打壞了，於是就建議由她來執行對小沃森的懲罰。一般來說，小沃森受罰的「刑堂」是在二樓的那間大浴室裡，珍妮特就像個法官，手持鞭子，嚴厲地說：「過來！」

小沃森就會「懂事」地自覺手扶著毛巾架，然後如一日三餐般飽嘗一頓豐盛的「鞭餐」。老托馬斯現在已經上升為「監刑」的位置了，坐在一邊監督著小沃森受罰。這成了小沃森家的日常功課。

小沃森十歲的時候，有一次，他和一個叫喬的朋友在附近的街區逛蕩著玩，無意中發現有一棟正在修繕的房子大門敞著，屋子裡放著一些油漆罐、刷子和松節油。兩個孩子先在這棟無人的大房間裡捉迷藏，拿著木條對打，上跳下躥，玩得不亦樂乎。

不過一會兩個人就玩膩了，他們歇下來，喬問：「小沃森，我們再弄什麼玩好呢？」

小沃森四下瞅了瞅，目光落在了那些油漆罐上，笑了。

喬順著小沃森的神情，也心領神會。

然後，他們拿了兩罐油漆出來，小沃森先用刷子蘸了一點油漆，在牆上一抹：「哇，棒極了，我們就比賽畫畫吧！」

於是，兩個小傢伙一路沿著大街畫下去，畫狗，畫貓，畫房子……直至在街上把油漆用完為止。

有一個街坊看到了，馬上去找珍妮特告狀：「沃森太太，你快去看看吧，你兒子又在闖禍，他把幾條街都弄得不像樣子了！」

珍妮特急匆匆地趕到街上，順著「連環畫」一路找，最後，正看到小沃森和喬站在盡頭欣賞他們的「傑作」呢。

珍妮特火冒三丈：「小混蛋！住手，這是怎麼一回事？」

小沃森坦白說：「油漆是我們偷來的。」

珍妮特以前曾經為偷東西的事教訓過兒子多次了，但沒起什麼作用。這一次，她意識到，再不對小沃森採取更加嚴厲的措施，那將來就沒辦法管了。於是，她把兩個惹禍精帶到了警察局，並順路買了兩罐油漆還回原處，又從路邊雇了兩個工人，讓他們用汽油將牆上那些「作品」都盡可能地清洗乾淨。

來到警察局，警長和珍妮特打了招呼，問了一下情況，然後他握著小沃森的手說：「很高興見到你們。我想告訴你們關在這兒的是些什麼樣的人。他們有殺人犯、搶劫犯，但大部分人是小偷小摸。」

這時，小沃森和喬的眼睛都瞪得大大的。在這個警察局裡有一樣他們從來沒見過的東西：一個有半個電話亭大的矗立在那裡的籠子。它的前面可以打開，被關在裡邊的人要兩腿分開跨騎在籠子中的木條上。這一定是給那些有犯罪嫌疑的人使用的。人在裡邊可以稍稍移動，但絕對別想出來。

小沃森想像著被關在裡邊的滋味：坐也坐不下，站也站不直。

然後，警長把他們帶到後面，關進一間牢房說：「一旦你被關進監獄，你就進了一個可怕的地方，大多數人變成了慣犯，以後這就成了他們的生活。」

這次經歷給小沃森上了一堂課，在他頭腦中留下了不可磨滅的印象，他以後經常夢見無緣無故被抓了起來，並被投進了監獄。從此他下定決心：「今後絕不再與法律為敵、做違法的事了。」

珍妮特確實是無微不至地照顧著孩子們。她到了二十九歲才結婚，在婚後的六年裡一連生了四個孩子——兩個兒子小沃森、迪克，兩個女兒簡和海倫。儘管小沃森是老大，媽媽也不指望他去照顧弟弟妹妹，因為他沒有做個好榜樣。小沃森倒落得個自由自在。

老托馬斯因此不喜歡小沃森，小沃森也並不感到意外。從很小的時候他就相信自己少了點什麼。他總是很難像其他孩子那樣做事，從來就不合群。

雖然在警察局上了一課之後，大的錯誤不會犯了，但小沃森很難一下子改掉劣行，小錯誤還是照犯不誤。

那是個陽春三月，雪已經融化了。父母給十歲的小沃森買了一雙新皮靴。他立刻高高興興地跑出屋子，去試一試這雙新靴子。沒想到剛一出門，就一腳踩進水坑裡，水從靴子口灌了進去。

母親和爸爸堅持認為小沃森這是故意的，於是他又面對著毛巾架挨了一頓打。

第二個冬天，小沃森強烈要求爸爸給他買件皮夾克。當時流行著一種雙層前胸、長及大腿的童裝。最後，在十一歲生日那天，老托馬斯終於以禮物的形式鄭重地贈送了他一件皮夾克。

第二天，在放學回來的路上，孩子們玩起了火。

小沃森曾經從書上讀到印第安人如何放煙火信號，於是他就用那件只穿了一天的漂亮皮衣與另一個孩子一起燃火造煙。結果那件皮衣被燒得不像樣子，怎麼清理也不行。當然，他又沒能逃過一頓鞭打。

一九二一年，小沃森上一年級的時候，老托馬斯給孩子們拍了一個電影。從影片中可以看到，所有的男孩都裝扮成大黃蜂，在女孩裝扮的花叢中穿來穿去。

小沃森又高又瘦，笨手笨腳，在電影中一眼就能看出來。當其他孩子都整齊地伸展開翅膀時，他卻在亂撲打，與大家完全不合拍。

異常活躍的學生

小沃森和弟弟妹妹都在肖特黑爾鎮的國家學校上學。這是一所樸素的磚木結構的學校，離家不遠。

小沃森在上學前已經夠讓人頭疼的了，上學後也沒好到哪兒去。小沃森的成績單上的打分總是 D 和 F，偶爾也有 A 和 B，但是老師們都承認，小沃森在親手實踐方面的學習要比考試效果好得多。

在肖特黑爾學校裡，一個學期只要記的過失不超過五十個，就不會被開除。小沃森總是要在三十個以上，有時四十多個。

學校每次對過失的懲罰是在星期六圍著學校的操場跑步。他有時必須跑上五十圈，而其他人只跑十圈。但這對小沃森而言根本不算什麼。也許是從小挨打養成的反抗心理吧，懲罰只能使他更加頑皮。

在十二歲那年，有一天，小沃森碰上了克雷格・金斯伯里。他是個流浪漢式的人物，年齡比小沃森大幾歲。那天他正要去附近的沼澤地設陷阱，小沃森拉住了他，問他：「你是怎麼剝松鼠皮的？」

克雷格詳細給小沃森講解了一番，然後得意地說：「我還剝過黃鼠狼的皮呢！」

小沃森立即詢問道：「那些黃鼠狼的臭腺你是怎麼處理的？」

克雷格告訴了小沃森：「我是把臭腺液擠到瓶子裡的，很簡單。」

於是，小沃森眼珠一轉，壞主意就冒了出來，就從克雷格那裡買了一瓶。

在學校全體集合前一剎那，小沃森溜到樓下火爐旁，檢查了一下通向各個方向的通風管道。他把一瓶臭腺液都倒進了主管道裡，又趕緊跑回樓上，來到集合大廳。

一百多個學生都坐在那兒，還有老師和校長蘭斯先生。蘭斯先生是一個古板嚴謹、過於講究道德的訓道者。

師生們正在聽蘭斯先生訓話，大廳裡開始有股臭味，開始時淡淡的，大家偷偷議論：「是誰放屁了？」

小沃森暗暗好笑。

接下來，大家坐的時間越長，臭味越濃。漸漸地人們都坐不住了。最後，蘭斯校長說話了：「有誰知道這股惡臭是從哪來的嗎？」

一陣長時間的沉默。學校有一個榮譽制度，誠實將受到表揚，主動承認錯誤會從輕處罰。所以最後，小沃森舉起了手。

蘭斯先生對小沃森這個「校內名人」還是相當了解的。他馬上意識到這不是一次偶然事件。

「沃森！」

「是的，先生。」

「站起來！」

「是的，先生。」

「你知道是怎麼回事嗎？」

小沃森繪聲繪色地把事情的經過說了一遍，並把那個空瓶子拿給大家看。所有人都退避三舍。老師趕快打開了所有的窗戶。然後，蘭斯先生決定：學校暫時休課。

蘭斯氣得臉色鐵青，但馬上想好了眼下的處罰措施：把那空瓶子掛在小沃森的脖子上。但是，這對他幾乎無關痛癢，因為此時他早已習慣了這股臭味。但是蘭斯校長接下來的一個步驟卻十分有效。當天晚上召開了學校董事會。老托馬斯正是董事會的成員之一。

小沃森緊張地看著爸爸。

老托馬斯又高又瘦，並不強壯，總是打扮得整整齊齊，儀表堂堂。在小沃森很小的時候，父子倆說笑打鬧一塊兒玩。在一部保留下來的影片中，他穿著三片式的西裝，吹著號角在後院裡和孩子們一起遊行。當小沃森的姑姑、叔叔和堂兄妹於星期天來家吃晚餐時，老托馬斯也喜歡逗樂把氣氛熱烈起來。

那時，爸爸是小沃森心中最活潑可愛的人。後來，由於某些原因，他的娛樂心逐漸消失了，甚至變得相當嚴肅、冷漠。失去一個熱情歡樂的夥伴使小沃森很難過。

主要的原因是年齡，小沃森出生時爸爸已經三十九歲了。他比一般同伴的父親要大十多歲，這就很難使他們成為好朋友。

小沃森還沉浸在回憶之中……

蘭斯先生等人都到齊了後，開始陳述小沃森的罪行。老托馬斯氣得臉色發青，低著頭，恨不得在地上找個縫鑽進去。

回到家時，老托馬斯已是火冒三丈。他說：「小混蛋，你怎麼能弄得讓學校被迫停課，讓弟弟妹妹和其他的誠實的孩子失去學習的機會？！」

當晚，鄰居們發現，從沃森家先後跑出兩人：小沃森先奔出門去，拚命逃跑；接著老托馬斯手拿皮鞭跟在後面，一邊追，一邊咆哮：「老子教訓不著你，老天爺也會整治你的！你這個小下流胚！」

得到父親言傳身教

小沃森在人們心中是一個劣跡斑斑的孩子，但這似乎並未影響父親的聲譽，老托馬斯在肖特黑爾社區的地位與日俱增。他參加網球俱樂部，出任當地學校和銀行的董事會董事。老托馬斯可能還是當地唯一的一位每隔兩年帶著全家去歐洲旅行的人。

另外，老托馬斯很快便成為肖特黑爾教堂的重要人物，儘管他早先是一個出身寒微的衛理公會教徒。有些人把他看成是暴發戶，見了面把臉轉過去，但大多數鄰居都對他佩服和讚賞。

在事業上，老托馬斯逐漸升任為「計算製表記錄」公司的總裁，並在一九二四年將公司改名為國際商業機器公司。

只要他有了一點錢，他就買本公司的股票。他認為這絕對是正確的投資。當時，買股票只需交股票價格百分之十的錢就算買下了此股票。每當股價上漲時，他的股票經紀人就會對他說：「湯姆，你應該拋點股票撈點油水了。」

老托馬斯聽了就不高興：「不，我有我自己的投資策略。」

他從來不會去攢錢或擔心錢。他知道，要想在這個世界上出人頭地，就必須去加快資金流動，去花錢。當他手頭錢緊時，他從不會驚慌，因為對他來說，從來沒有掙不到錢的時候。錢在他看來純粹是個工具。他用錢來展示他的大方慷慨，用錢來養家餬口和經營公司，用錢來使他躋身社會上層。

小沃森對國際商業機器公司的認識始於五歲時被父親帶到代頓去參觀磅秤廠，工廠裡那濃烈的煙霧和辛辣的金屬味道給他留下了深刻的印象。

小沃森經常被父親帶到公司去，他有時跟著開一些小規模的會，有時就乾脆自己到處亂跑。通常，接待員會說：「哈哎，小沃森，你想找你爸爸嗎？」

父親的辦公室位於大樓的一角，地上鋪著東方地毯，還有一張很大的紅木桌子。小沃森最喜歡到樓下的機房去玩，他看到那裡有好多打孔機。可是他一去大家可就遭殃了，因為他總是給工人們找點麻煩，不時碰翻卡片，把本來有條不紊的工作搞得一塌糊塗。

小沃森最喜歡那些卡片在打孔之後留下的紙屑。辦事員們平時把它們堆積起來，賣給造紙廠。不過當百老匯大街上有旗幟飄揚的遊行時，辦事員們就把這些紙屑從窗戶上撒出去。這種機會要是讓小沃森碰上了，那可是英雄有了用武之地，他就會在窗口猛撒一通。

雖然小沃森在暗中對爸爸的事業並沒有多大好感，但所有做兒子的在某些方面都會認為自己的父親是世界上最重要的人。小沃森也不例外，總會下意識地拿自己和爸爸作比較，透過比較，他所做的所有的事都讓自己自慚形穢。但越是這樣，他就越會對父親產生強烈的反抗心理。

珍妮特雖然小時候生活優越，受過正規教育，卻仍然保持著草原牧民般質樸的性格。這在肖特黑爾鎮是不多見的。她非常節儉，為了關掉樓下一盞小燈，她不惜跑下兩層樓梯。

在小沃森的記憶裡，珍妮特是個操勞過度的母親。她要撫養四個孩子，收拾整理這座三角形的大房子。她要努力保持與傭人們之間的和諧安寧，以女主人的身分招待好老托馬斯帶回家來的客人。

珍妮特經常糾正丈夫的英語和吃飯時的姿態，提醒他不要輕易動怒、發脾氣。她善於循循誘導，方法靈活。

有一天，老托馬斯喜氣洋洋地回到家裡，給妻子一個大鑽石戒指，約有兩克拉重。這是他買給妻子的第一件昂貴的珠寶飾物，雖然很大，但上邊卻有點瑕疵。珍妮特卻說：「我寧肯要一個小一點的也不要有瑕疵的。」

老托馬斯感到很尷尬，他收回了鑽石戒指。幾年後，他真的帶回了一枚同樣大但沒有瑕疵的鑽石戒指。

小沃森直至十五歲進寄宿學校以前，都生活在媽媽身邊，形影不離。她比父親更容易接近，總是讓孩子們感到被保護、被疼愛，一刻都離不開她。

珍妮特也是最了解小沃森的。她認為他的乖僻和惡作劇行為是出於缺乏自尊，所以，她想著法子讓小沃森參加各種有趣的活動。

與母親越親密，小沃森對爸爸對待媽媽的方式就越難以忍受。這是國際商業機器公司正在吃緊的時候，需要老托馬斯投入大量的精力。在他的辦公室，他按一下按鈕，就會有人進來，他說一聲「把信送走」，事情就辦了。

當老托馬斯不注意的時候，他會習慣地用同樣的方法對待妻子。她發現她很難適應。所以，家中的關係一度相當緊張，爭執頻繁不斷。儘管他們的臥室門緊閉著，但小沃森和弟弟妹妹也能聽到他們克制的憤怒的聲音忽高忽低地傳來。

老托馬斯雖然有時對妻子很粗暴，但半個小時之後，他卻訓導孩子們應該怎樣尊重媽媽。小沃森一直想問他：「那麼你怎麼不呢？」

這十多年來，天生個性極強的小沃森對於父親給他安排的一切都非常反感，他認為這種包辦極大地傷害了他的自尊心。

當全家外出旅遊時，大家相處得似乎更好些。同行的有時是親戚朋友，有時是老托馬斯的同事。大家一起去華盛頓，去海濱，去參觀展覽會。經常開著兩三輛大轎車，上面滿載親戚朋友或者國際商業機器公司分部的經理們。幾代人湊在一起就像個原始部落。

每到週末，一家人驅車前往老托馬斯買下的奧德維克農場。夏天，他們會去爬波科諾山或者去緬因州，老托馬斯會於週末趕去和他們會合。在路上，珍妮特比在家裡自由得多，所以她喜歡旅行。

小沃森喜歡到媽媽的家鄉代頓去玩。因為那裡是飛機的發明者萊特兄弟居住的地方，也是一個軍用機場所在地。在那裡，飛機如同汽車一樣普通。

老托馬斯對飛機有點畏懼。這是因為有一個星期六，他帶領全家去參觀一個城鄉貿易會。當他們路過一片空地時，看到了一架從第一次世界大戰中退役的詹尼飛機，有人正在用它招徠顧客，乘一次五美元。

老托馬斯在代頓住過好長時間，甚至還見過萊特兄弟，所以，他立即就買了票，排隊等待上飛機。但就在此時，小沃森他們幾個孩子鬧著要吃冰淇淋，老托馬斯只好帶他們去買冰淇淋。等半個小時他們回來後，飛機已經失事墜毀了，飛機上有三個人喪生。

迷信的老托馬斯把那次事故看成是上帝不讓他乘飛機的預兆，因此在以後的旅行中他總是坐火車，而從不坐飛機。

老托馬斯到歐洲出差總是帶著家人們。小沃森在童年有過五次長途旅行。

一九二四年，小沃森十歲時，老托馬斯帶小沃森去巴黎的勒布爾蓋機場。那裡有好幾千人在參觀飛機展覽。飛機引擎的轟鳴聲，使小沃森越來越興奮。

有一種改裝的法國轟炸機向參觀者售票，小沃森軟磨硬泡，請求爸媽讓他和一對搭乘的青年夫婦一起上天兜一圈。爸媽終於同意了。

飛機引擎大約有四百馬力。飛機一啟動，小沃森就被巨大的噪音和劇烈的顫動所吞噬了。他的內心產生了極大的震撼，這恰恰契合了他對於新奇事物的追求和那種張揚的個性。

飛機是在草地上起飛，所以輪胎與地面的碰撞相當厲害。但突然間，除了聲音一切震動都消失了。飛機離開了地面，平穩得讓人感到吃驚。從此，小沃森從內心裡愛上了飛行。不過，小沃森並沒有把這一次當作是真正的飛行，他想要的是一次真正的飛行旅行。

一九二七年，小沃森十三歲的時候，他終於如願以償，這次可是真飛。當他在瑞士巴塞爾一家旅館的前廳遊逛時，在櫃台邊看到了一張飛機時刻表，上邊標明有一趟十六點飛往巴黎的飛機。

當時，一家人正與曼根夫人在附近吃午飯，小沃森跑去向他們報告這個消息。還沒等老托馬斯說出反對的意見，曼根夫人大叫道：「啊，太棒了！我和你一塊兒走！」

老托馬斯出於禮貌，就給他倆買了機票去乘飛機，其他的家人乘坐晚上的火車。巴塞爾到巴黎有兩百五十多英里，飛機飛了將近四個小時，到巴黎後，小沃森還有足夠的時間來自由支配，於是，他就安排自己去電影院看了一場電影。這場電影的名字叫《爵士歌手》，它是歷史上第一部有聲電影。

在緊張而奇妙的一天裡，小沃森成為沃森家族第一個乘飛機、第一個看有聲電影的人。

儘管小沃森的成長讓父母很操心惱火，但老托馬斯還是在內心裡希望兒子能夠繼承自己的事業，雖然他嘴上從來沒有對小沃森說過「我確實希望你能繼承我的事業。」

小沃森總感覺爸爸是想讓自己接他的班，父親總是盡量把他帶在身邊，培養兒子對國際商業機器公司的感情，使小沃森能夠更多地貼近公司。並且父親也盡量在與兒子相處時，多教他一些做人的道理。

當他們一起旅行時，老托馬斯會利用一切機會言傳身教：「你看，這是梯子，可以用來爬到上鋪去。要拉上窗簾保護自己的隱私。」

當時火車上的公共洗手間裡，大家都是坐在一條長凳上排隊使用。這時老托馬斯又高談闊論：「湯姆，這是一個公用的盥洗室，每個使用者都要小心，因為在你後面的人會透過你用後的樣子來評判你的人品和修養。現在讓我來教你怎樣做。我拿一條毛巾，用水打濕了它，先把池子擦一遍，把池子裡的鬍子茬、肥皂沫、牙膏沫擦洗乾淨，再把池子邊濺上的水擦掉，然後把毛巾扔到這個桶裡。現在我開始洗刷。」

開始，小沃森總是聽得心不在焉，但時間長了，他也養成了這些良好的習慣。

老托馬斯給侍者小費一般都很大方，小沃森就好奇地問：「爸爸，你為什麼給包廂服務員那麼多小費呢？」

老托馬斯藉機傳授處世之道：「孩子，我給他小費有兩點原因。其一，因為他很辛苦，一晚上都縮在狹小的房間裡，這是很難受的，我很同情他。其二，這是重要的一條，我們出門會接觸到包廂招待員、服務員和司機，他們的職業使他們得以接近你、了解你，如果你不注意，就很容易敗壞你的名聲，這對公司是非常重要的。」

小沃森說：「公司，你老跟我說公司幹什麼？」

老托馬斯說：「你將來終有一天會成為公司裡的一個重要的人物，所以要早些學會這些。」

小沃森卻不這麼想。十二歲那年，有一天放學後，他坐在路邊思索父親的用心。當回到家時，他已經淚流滿面。

珍妮特看到了，擔心地問：「怎麼啦？」

小沃森說：「我不能進國際商業機器公司工作。」

珍妮特奇怪地說：「沒人叫你去呀！」

小沃森委屈地抽泣著說：「但爸爸叫我去。我確實幹不了。」

珍妮特用手摟著小沃森：「別擔心了。」

當老托馬斯回來後，珍妮特把這件事告訴了他。

老托馬斯走到兒子的房間，溫和地摸著他的頭說：「孩子，我父親曾經讓我成為一個律師，但我應當幹我最喜歡的事。你不要這麼想了，你有權利按照自己的意願選擇自己喜歡的職業，爸爸不會強迫你的。」

小沃森長得很快，十三歲的時候就長成了大人的個頭。一九二七年，老托馬斯與兒子照了一張合影：他們並肩而立，幾乎一樣高。他們的服裝也完全一樣，深色筆挺的西裝和大衣，戴著圓禮帽。那是他們正在去亞特蘭大城參加一個銷售會議。才十三歲的小沃森穿買賣人的衣服似乎還太年輕。不過從這張合影上可以看出老托馬斯的用意。

有一次，老托馬斯決定把兒子引見給查爾斯・林白，因為老托馬斯知道兒子喜歡飛行。這是在一九二七年林白完成橫跨大西洋飛行之後不久的事。

老托馬斯買了一張出席慶賀宴會的票。他帶著小沃森徑直走到主座前，先將他自己這位國際商業機器公司的總裁介紹了一下，然後介紹小沃森。如此，措手不及的小沃森總算結結巴巴地說了一句「祝賀你」。

這些旅行，每一次都似乎是父子之間溫馨而親密的友誼的開始。但一回到家裡，老托馬斯總是又和兒子疏遠了，或許他確實太忙。

當老托馬斯沒空陪小沃森時，他會找個手下人和小沃森玩，通常是他的私人祕書菲利浦斯。

菲利浦斯是個很完美的人。他在一九一八年就在老托馬斯手下工作，後來他取得了老托馬斯的完全信任。

老托馬斯經常讓菲利浦斯帶小沃森出去觀光，去看自由女神像，去逛弗朗西斯大酒店和布魯克林大橋。當小沃森剛剛長大一點，菲利浦斯教他怎樣射擊。打獵可能是菲利浦斯唯一的戶外活動，他經常帶著小沃森一起去打獵。

在大多數的時間裡，老托馬斯總是誇獎兒子，告訴小沃森：「你將來能成為一個偉大的人。」

但在小沃森十三四歲時，他患上了一種很嚴重的再發性沮喪症。第一次出現這種症狀是在一次患哮喘病期間。正在他剛剛感到好一點時，所有的意志力似乎突然消失了。他不想起床，不想吃飯，也不想洗澡。

有一天早上，小沃森到了早飯的時間仍然沒有起床。於是珍妮特來到了他的房間問：「孩子，你怎麼了？」

小沃森簡直連話也不想說，他艱難地喘息著，忽然說：「我難受！」

珍妮特想把小沃森扶起來，但他就像沒有骨頭一樣，軟軟的一點力氣也沒有。當時全家人都嚇壞了，老托馬斯趕緊請了醫生來。但是，小沃森卻像是失去了理智一般，兩眼呆滯，說話也是一個詞一個詞往外蹦。

沒有一個醫生知道他犯的是什麼病。請來的一位最好的醫生說，他確信這種病與青少年有關，但他也開不出什麼好的藥方來。直至一個多月後，小沃森才恢復過來。但是，六個月後，同樣的現象又發生了。接下去的六年裡，至小沃森十九歲上大學後，每年都要嚴重地犯兩次病。

小沃森自己描述說：「患病時感到全身無力，頭腦無法思維，一種恐懼感攫住你全身，整個思維過程顛三倒四，一切東西看起來都是不真實的。」

這段時期，是一家人很難過的時期。特別是弟弟迪克，他很尊敬哥哥，當小沃森突然變得不能自助時，他感到很困惑。

有一次，兄弟倆去加拿大新斯科舍夏令營，小沃森突然犯病了，渾身機能失常，參加一點夏令營活動就要趕快回床躺著。迪克那年才九歲，他感到如此的孤獨和絕望，害怕極了，一直守在哥哥身邊，不敢離開。

小沃森感覺自己可能要馬上死掉了。最後，他把迪克叫到身邊，告訴他：「別離開我，幫助我。如果我死了，一定告訴爸媽這不是他們的錯。」

進入中學愛好物理

小沃森在上學的時候，由於動手能力極強，物理成績簡直好得讓人無法理解。

在小沃森還沒上中學時，老托馬斯就怕他到了中學再惹麻煩，所以決定讓他在離家不遠的學校就讀。小沃森的同學們都到遠處的寄宿學校去了，可爸爸堅持讓他進離家只有十二英里的卡特雷特學校讀書。

有兩年的時間，小沃森就是在這個他眼中又破又小又舊、冷僻孤獨的地方度過的。他每天乘火車去卡特雷特，有時和父親坐一班車，晚上再坐另一趟火車回來。他一直沉默寡言，幾乎不與人說話。

小沃森剛進卡特雷特學校不久，就和另一個孩子合夥從同學那裡祕密地買了一輛汽車。他們倆都不到開車的年齡，不知道怎樣才能搞到駕駛執照。

有一天，兩個人正在肖特黑爾鎮開車玩，老托馬斯突然回來了，正好碰到了他們。小沃森看到爸爸朝他們走來，便企圖穿過鄰居家的場院掉頭躲開，但卻被老托馬斯搶先一步攔住了。

老托馬斯先是饒有興致地圍著車轉了一圈，然後說：「這車很有趣，過去這種車光給我惹麻煩，但是很有意思。這是你們的車嗎？」

小沃森的同學結結巴巴地說：「不，不完全是，沃森先生。」但最後他們還是承認了。

老托馬斯又接著問：「你們把它放在哪呢？」

那個同學說：「我們放在卡特雷特學校的後院裡。」

老托馬斯點點頭，然後說：「如果我是你們，我會把它放回去並且賣掉，或者扔掉。這種車會給你們惹麻煩的。」

幾天之後，小沃森就把車賣掉了。

在父母的眼皮底下讀了兩年之後，小沃森轉到了莫恩斯的一所中學，最後轉到了哈恩中學。因為老托馬斯考慮到哈恩中學與普林斯頓大學有著非常密切的關係，這是為了將來讓小沃森到那所大學做好鋪墊。

到了哈恩中學之後，小沃森才重新有了「如魚得水」的感覺。

因為在學習上成績不好，除了 D 就是 F，所以小沃森渴望能在其他的方面得到承認。他積極地去參加各種體育活動，但由於小沃森比同齡的孩子又高又瘦，並不適合從事體育活動。而且他的眼與手患有極端的不協調症，所以他討厭壘球。

小沃森覺得在曲棍球比賽中，阻擋來自各個方向的射門是一件有刺激性的事，於是他又試著去當曲棍球的守門員，但他卻始終進不了甲級隊。

在足球隊裡，他也被很快地排到替補隊員的行列裡。

小沃森自身存在的種種困難導致了父親對他有更多的溫暖和關懷。他從不放棄兒子，並不斷地對小沃森說：「童年時期往往不是人生最歡樂的階段，你必須盡量地向前看。不管發生了什麼，這是一個重大的轉變時期，沒有人在經歷這個階段時不存在問題。所以，沒有必要去擔心什麼。」

有時，老托馬斯會在兒子獲得低分時安慰說：「我希望你在學校裡能表現得更好。」但小沃森心裡卻並不以為然。

哈恩中學充滿了花花公子。他們口袋裡揣著酒瓶，身穿熊皮大衣，手臂上挎著小妞，開著高級轎車在大街上風馳電掣。這是一種適合小沃森的生活方式。學習在這裡並不十分重要，重要的是你是否比別人有錢，是否總是和女孩子一起外出，是否有汽車。

小沃森的車是一輛最時髦的紅黑兩色的克萊斯勒，是過十七歲生日時得到的。

禁酒令當時仍然實行，但那些非法的地下酒店並不管前來飲酒者的年齡大小。出於好奇，小沃森有一次抽了一種名叫縮帆者的含有大麻的雪茄。他聽人們說，黑人樂隊的樂手們之所以能演奏奇妙的音樂，主要是因為他們抽了這種雪茄。說這種煙抽了以後，使人精力充沛，不但可使演奏的時間延長，還能使樂手奏出八分音節而不是四分音節的曲子來。

在哈恩中學，有個名叫莫爾發的風流少年拿了兩根雪茄來賣。小沃森和同學湯姆買了下來。

然後，他們把自己鎖在房間裡，每人抽了一整根。抽完後，剛開始小沃森也沒感到有什麼不同。小沃森看著湯姆說：「我一點也沒有異樣的感覺，你呢？」

湯姆說：「我也是。」

但是，藥力慢慢上來了，他們開始大笑，抑制不住地笑起來。他們倆才意識到渾身不正常，像著了魔一樣。

小沃森建議說：「湯姆，我們出去走走或許會好一些。」

湯姆笑著說：「好的。」

於是兩個人就來到禮堂裡。小沃森感覺自己那麼高，走起路來很難保持平衡，還一頭撞到牆上，他們害怕極了。怎麼能搞成這個樣子？於是就決定回去睡覺，睡眠或許可以使藥性消失。所幸的是，小沃森並不喜歡那種雪茄的味道，否則後果真是不堪設想。

雖然小沃森在哈恩學校的表現並不比在先前的兩個學校更突出，但他在有個領域裡取得了一生中的第一個進展。

剛到學校那天，有個同學告訴他：「嗨！我們學校有一支划艇隊，在普林斯頓大學的划船屋裡進行訓練。你願意參加嗎？」

到普林斯頓大學去划船對小沃森充滿了吸引力，因為他從小就喜歡玩水。所以他馬上就去報了名，不久，他就成為了一名優秀的划艇隊員。

在一個集體中，划船動作非常簡單，所需要的只是用腿使勁蹬和用手臂使勁拉，而小沃森的腿部和雙臂的力量特別強。他對這項運動著了迷，刻苦地訓練了一年。在隊裡最後的那一年，全隊成績非常好，並取得了參加在英國亨利舉行的國際划艇比賽的資格。

小沃森終於在正當事情上有了值得炫耀的資本，所以他就跑去動員父親為他的划艇隊捐款。

老托馬斯也為兒子終於「浪子回頭」而喜不自禁，毫不猶豫地給划艇隊捐助了兩千美元，作為全隊的旅費。當時，一張三等艙來回票價才一百美元，老托馬斯拿出這兩千美元來可真不是一個小數目。

後來，小沃森參加了一次大學入學考試，各科成績極不均衡，大部分學科低於升學要求的分數，但是，物理的分數卻在整個紐澤西州名列前茅。

小沃森極其喜歡物理，老師的講課也非常生動。例如，在講滑輪怎樣把物體輕鬆地提起來時，老師用圖示給學生們講解，道理淺顯易懂。

當考試結果出來時，這位老師對小沃森說：「你真是個怪物，你的其他功課成績都不好，物理怎麼考得這麼好？」

小沃森說：「具體我也搞不清，可能我只是對機械方面的事情特別容易理解。」

老托馬斯為了能讓兒子進入大學，四處奔走找朋友和熟人，先是去找哥倫比亞大學教育學教授班傑明・伍德給予幫助。伍德是個奇才，是一個自學成才的德克薩斯人，他是發明美國大學統一標準入學考試的先驅者。他和老托馬斯在一九二〇年代就相互認識。當時伍德急需機器幫他處理成千上萬份的考試卷子。

班傑明・伍德給普林斯頓大學校長寫了一封頗耐人尋味的信，既有威嚴又溫和豪爽：

在思想和性格方面，我毫不猶豫地將他排在國中畢業生前十分之一的行列裡。我對他高中的成績不熟悉，但我的結論是：他的卷面分數不足以揭示他實際的大腦能量、天賦智慧和意志的持久力。

據我的經驗來看，不管他的分數如何高或如何低，他都是那種不能用平常的入學考試標準來衡量的人。

老托馬斯看了這封信深受感動，他終於從這位奇才的信中找到了一個關於兒子那慘不忍睹的成績的合理解釋。

但這封信卻並沒有打動普林斯頓大學的校長，於是在小沃森中學時期最後那個春季裡，老托馬斯只好親自去見這位校長，為兒子求情。

校長把小沃森從莫里斯城到哈恩的成績單擺到桌子上，說：「沃森先生，請看一下你兒子的成績吧！他已注定是要失敗的。」

但老托馬斯這時拿出了他當推銷員時那種堅韌精神，他說：「我就不相信辦不成這事兒！」

有一天上午，老托馬斯開了一輛大旅行車來到門前。

小沃森好奇地問：「爸爸，你開車幹什麼呀？」

老托馬斯答道：「走，咱倆開車出去轉轉，到幾所大學看看。我們肯定能找到願意接受你的學校。」

父親當時的這種果敢的精神頭感染了小沃森，也讓他心裡更有了信心。

當時，小沃森喜歡上了一位來自緬因州的姑娘，因此，他不想到距卡姆登很遠的地方上學。於是，他想起了一位在羅得島布朗大學的朋友，他對父親說：「為什麼我們不去布朗大學？」

於是，父子倆開車來到普羅維登斯，住進了巴爾底摩旅館，然後老托馬斯打電話給布朗大學的招生辦公室。

這樣，小沃森總算如願以償地進入了大學。

叛逆倔強的青年

在我心中，像兒子一樣對待我的有兩個人，一個是我父親，另一個就是父親一般的福利特將軍。

——托馬斯．沃森

在大學逐漸變得成熟

一九三三年，小沃森進入布朗大學讀書。

而在這一年，正是美國經濟大蕭條的時期，人們的生活水準整個下降了很多。布朗大學裡可以明顯地看到大蕭條的影子。校園中很多學生看起來營養不良，由於付不起住宿費，他們有許多人住在校外，每天來回走讀。

但是，小沃森屬於少數的有錢的學生，大蕭條對他毫無影響。當老托馬斯被宣布為全美國收入最高的人之後，小沃森在校園裡的地位更加突出了，一些女孩子開始有意地討好他。但當時小沃森正熱戀著伊莎貝爾·亨利。

伊莎貝爾是個很活躍的女孩。她已經有了一個富有的男朋友，名字叫約翰·埃密斯，他是一個英俊瀟灑的哈佛大學畢業生。

一天晚上，小沃森和同學康威正在一家高爾夫俱樂部跳舞，伊莎貝爾和埃密斯出現了。當他們走進舞會時，所有的人都停下來注視他們。她金色的頭髮，黑黑的眉毛，臉型有點方，走起路來肩膀向後微傾，姿態十分優雅。

伊莎貝爾的家庭很有名望。他們來自費城，伊莎貝爾的祖父曾經買下了伸進佩諾斯科特灣的一個半島，把它作為自家的院子分給他的後人。伊莎貝爾的母親來自貝當家族。他們的房子從外表看來並不顯眼，但室內裝備卻十分現代化。

小沃森讓康威把自己介紹給伊莎貝爾，並耐心地等到約翰・埃密斯離開了城裡，然後他開始向她求愛。互相來往了四五個星期後，他們開始整日整日在一起。

老托馬斯也很喜歡伊莎貝爾，認為她氣質高貴，出身名門，伊莎貝爾家族是一個顯赫的家族。但後來小沃森卻感覺到跟伊莎貝爾在一起並不會幸福。

有一次，他們開著車出去玩時，她說：「我有錢你也有錢。我認為你並不一定要去工作。我們應該把錢合起來花，出去旅遊。」

小沃森認為她從小養尊處優、貪圖安逸，缺乏進取心。在相處了兩年之後，終於分手了。

小沃森參加了一個叫皮司兄弟會的組織。此會成員以善於吃喝玩樂而聞名。每天晚上他們到城裡的比特摩爾飯店喝酒跳舞。他們有自己的公寓和汽車，過花天酒地的生活。

但是，小沃森也知道國家的經濟正處於一片混亂。儘管他什麼都幹不了，卻渴望有所貢獻。組織中朋友的父親大多是共和黨人，而老托馬斯卻是一個敢於直言的新政擁護者。

這些年裡，沃森父子之間不大來往。老托馬斯此時已經六十多歲，又剛剛獲得國際方面的聲譽，整天忙於社交活動和商業經營。每隔幾星期，他會給兒子寫上一封充滿倫理說教的信。

小沃森有足夠的錢花銷。他每月的生活費大約是三百美元。這筆錢在那個年代等於一個美國家庭平均收入的兩倍。

小沃森主要用來支付學校的生活費和買衣服。老托馬斯從來不過問兒子的花銷。當他們見面時，他會問：「兒子，你可能手頭有點緊吧？」說著，又遞給小沃森幾百美元。

一九三三年的聖誕節之前，小沃森收到了成績單。山姆‧阿諾德校長讓人通知小沃森要親自找他談談。

阿諾德校長挺胖，圓臉，待人和藹可親。他對小沃森說：「好，沃森先生，這些成績看來不是太好，它顯示出你在學校裡不盡如人意。你要做得更好一些。」

小沃森回家後問父親：「為什麼我的成績那麼糟，卻還讓我待在學校裡？」

老托馬斯看了兒子一眼，意味深長地說：「我認為寧肯讓你待在一個正規的地方受薰陶，也比讓你在校外放任自流好。」

不過，老托馬斯每隔幾個星期都要寫信給兒子，灌輸他自己的處世之道，盡一個父親的責任。小沃森在父親的教誨之下，也開始意識到自己不能再這樣「放任自流」了，要做一些有意義的事情。

小沃森一直鍾愛飛行。在大學一年級那年的九月，他在僅僅受過五個多小時的訓練之後，就獨自駕機飛上了天，堪稱是一個破紀錄的舉動。從此，小沃森全身心地投入到這項有趣得令人發狂的追求中去——無論是從心理上、體力上還是經濟上，都從中體驗到極大的自信心。他很享受那種俯瞰大地、自由翱翔的感覺。

有時，小沃森會半夜裡從床上爬起來，開車去機場，飛一個小時。機場的管理員對學生相當寬鬆，他們不反對。

那年冬天，小沃森進行的最大的冒險是參加紅十字會空運食物到南塔吉特島。新英格蘭的冬天十分漫長而嚴寒，南塔吉特港十多年來第一次結冰封港。有一段時間裡，島上只有透過飛機才能得到食品。小沃森在新貝得福德把供應物品裝上飛機，然後運往島上。

老托馬斯知道兒子開飛機後從來沒有責怪過他。他只是透過林白捎過些話來：「告訴我的兒子，在疲勞的時候永遠不要飛行。」

每隔幾星期，國際商業機器公司要舉辦一次宴會。老托馬斯想認識紐約的所有重要人物，最後他成為了紐約商人協會的會長，並開始與小約翰・洛克斐勒和亨利・盧斯之類的人物打交道。他參加探險傢俱樂部，認識了勞威爾・托馬斯和理查・白德上將。

老托馬斯還曾資助過白德的南極探險。白德把南極的一列山脈命名為「沃森斜壁」。小沃森很敬慕他，因為他是第一個飛越北極的人。

小沃森在大學讀書時，老托馬斯為羅斯福一九三二年的總統競選提供過資金和主意，這使他在羅斯福以絕對優勢擊敗胡佛之後可以經常出入白宮。

一九三三年夏天，紐約商會被警告說，羅斯福試圖用國家復興法來控制企業的工資和生產。於是，老托馬斯動身去華盛頓說服總統放寬限制。

老托馬斯向羅斯福問候，之後說：「總統先生，我到這裡來是告訴您，紐約的人們認為您在制定法規方面走得太遠了。商業活動是需要一定的規章制度來制約，但我們認為這必須是一些合理的規定。如果您做得太過分了，您將毀掉所剩無幾的商業，最後我們將落得個一無所有。」

羅斯福搖搖他的頭說道：「聽著，沃森，你回去告訴你的銀行家和企業界的朋友們，我沒有時間去為他們的未來擔憂。我正在試著拯救這個偉大的國家。我相信我會成功的。如果我成功了，我將拯救他們以及所有的人。」

這些話徹底轉變了老托馬斯，他有一次對兒子說：「我看到了羅斯福身上的千斤重擔，也看到了他多麼需要幫助。在商人眼裡看來是對的意見，從國家的角度看幾乎總是錯的。」

後來的一年，老托馬斯由於公開支持與蘇聯建立外交關係，又受到羅斯福的寵信。自那以後，他和總統的關係相當親密。一個月中，老托馬斯至少要給總統送兩次建議。有時，羅斯福手下的人甚至要老托馬斯把他的日程安排表送去，以便在總統需要時可以及時找到他。

小沃森看到很多羅斯福總統寫給爸爸的回信，父親為此很自豪。爸爸媽媽經常到海德公園喝茶，有幾次他們還被邀請到白宮過夜。

羅斯福對老托馬斯在一九三〇年代中期給予的幫助很是感激，他曾讓老托馬斯擔任他的商業部長，甚至出任英國大使。但老托馬斯對這兩項任命都謝絕了，因為他不願離開國際商業機器公司。但是，他的角色倒像羅斯福在紐約的一位私人代表。

有一次，瑞典的王子古斯塔夫要訪問美國，羅斯福的一位助手打電話給老托馬斯：「您願意為古斯塔夫準備一頓午餐嗎？」

老托馬斯認為這是一種聰明而體面的宣傳公司知名度的好辦法，既能提高公司高層管理人員的素質，又能幫助總統。戴貝爾曼大主教有時也會前來致辭賜福。

宴會廳裡屆時將有一個講台、一些裝飾華麗的餐桌，以及封面上交叉著美國和瑞典國旗、內有貴賓簡介的菜單。

羅斯福有一次說道：「我在華盛頓接待他們，而沃森在紐約招待他們。」

小沃森在父親這裡找到了自己不可平庸的意義，他加緊複習功課，最後終於使成績趕了上來，並順利拿到了畢業證。畢業之後，小沃森開始考慮前途問題。他這時最需要的是一份工作，進入社會歷練自己。

他跟父親打電話商量說：「您能在國際商業機器公司為我安排一個位置嗎？」

這正是老托馬斯多年企盼的結果，他立即給兒子安排了一個見習生的位置，並開始不斷地給兒子寫信。

小沃森已經成為一個青年了，他開始留意起父親和國際商業機器公司來，並對父親的信也重視起來。

老托馬斯的每一封信都在鼓勵兒子好好學習，教他如何做人、怎樣追求事業達到成功。

小沃森印象最深的是其中一封：

記住，孩子，永遠記住，生活並不像許多人曾經經歷的那麼複雜。你越成熟，就會越意識到成功和幸福取決於不多的幾件事上。下面，我用商業的說法將人生最重要的行為準則描述一下：

負債

保守的思想

貪財

平庸的夥伴

不拘小節

不關心別人
虛偽的朋友
自尊與矜持
資產
有遠見
無私
愛心
品行端正
好的儀表
真摯的友誼

透過一封信，拉近了沃森父子之間的感情，他們變得更親密了，也有了更多的共同語言。小沃森在父親的說教和鼓勵之下漸漸成熟起來。

深刻感受和平的重要

一九三七年，小沃森馬上就要畢業的時候，老托馬斯被任命為國際商會的主席，要帶著珍妮特和女兒們去歐洲接受這份榮譽。英國國王也發來邀請準備召見老托馬斯。

而這時，小沃森從父親的一個新聞界朋友赫伯特那裡得到一份工作邀請。他是一位日本問題專家，原來是一份雜誌的創辦人，這時正在籌備一九三九年世界博覽會的籌委們委派他到遠東去為博覽會出售場地。

他寫信問小沃森：「這個夏天能否做我的祕書？」

小沃森喜出望外，毫不猶豫地取消了與兄弟會朋友們航海的計劃，與赫伯特約好在柏林見面。因為六月底，國際商會在那裡開會，老托馬斯將在那裡當選商會主席，小沃森和家人都要去那裡親眼目睹這一盛況。然後，小沃森再從那裡取道莫斯科，乘火車途經西伯利亞到遠東。

這樣，老托馬斯就不能參加兩個兒子的畢業典禮了，他感到很遺憾，但也沒有辦法。在畢業典禮那天，小沃森獨自接過畢業證書，只有胖胖的阿諾德校長在一旁微笑地看著他。

然後，小沃森駕車去豪特基司，參加弟弟迪克的畢業典禮。他很高興自己作為一個兄長出現，使迪克沒有感到自己像個孤兒。

當小沃森乘船到達柏林時，國際商會年會已經開始，老托馬斯榮幸地受到了英國新國王喬治六世登基第一天上午的接見。

國際商會在當時被看作是與國際聯盟同一等級的商業組織。老托馬斯為商會提出的宗旨是「透過世界貿易達到世界和平」。出席那次年會的代表有一千四百多名，引起了全世界的注意。很多人希望以此來阻止戰爭的爆發。

柏林的戰爭氣息已經十分濃厚了。希特勒已經使萊茵蘭地區重新武裝起來，全國也正在大規模地擴軍備戰，到處是戴著鋼盔的士兵。

小沃森剛到之後，就聽媽媽告訴他：「我的一位朋友沃特海姆一家正要離開德國。」沃特海姆擁有柏林最大的百貨商店，一九三五年納粹分子上街襲擊猶太人商店時，他們家的商店成了被破壞的目標之一。

小沃森與國際商業機器公司駐本地經理走過林登大街，看到一些猶太人的房子被德軍占領，猶太人紛紛外逃。

再往前走了不遠，小沃森找到了蘇聯旅行社的辦公室。由於他需要獲得一些遠東之行的知識，他走了進去。那位國際商業機器公司的經理也漫不經心地跟了進去。當他抬頭環視，意識到這是什麼地方時，馬上退了出去。德國人和俄國人積怨甚深，他不想冒這個險，被德國人看到。

赫伯特還帶小沃森去了日本駐德國的大使館，參加一次招待會。這座房子非常漂亮。一位德國外交官得意地說：「看吧，這原先是一個猶太富翁的房子，他現在已逃出了德國。」

德國人的無情使小沃森感到很不舒服，他擔心地對父親說：「爸爸，看來希特勒真的要發動戰爭了。」

但老托馬斯的樂觀主義使他持有不同意見：「不！他不會的！他是一個非常真誠的人。」

小沃森對父親的盲目樂觀很不同意：「你怎麼知道他不會？！」

老托馬斯說：「德國商界的朋友向我保證說他們可以阻止希特勒。在大會的第三天，我還與希特勒進行了一次私下會談。希特勒對我講：不會有戰爭，沒有國家希望打仗，也沒有國家能夠承受得起。」

小沃森知道父親並沒有看到事情的真相，他一直忙於商會的事，沒有機會去實地考察一下。他心裡雖然擔心，但也不好再說什麼。

在大會結束時，納粹政府授予老托馬斯一枚德國鷹十字勳章。這種勳章是德國剛剛設計出來的，專門頒發給那些對德意志帝國有貢獻的尊貴的外國人。

小沃森在現場看到德國的經濟部長斯哈科特親手將勳章掛在爸爸的脖子上。

但是，一九四〇年在希特勒占領了大部分歐洲之後，老托馬斯知道受了他的愚弄，憤怒地將那枚勳章送回，並附上一段憤怒的話：

閣下：

一九三七年六月在柏林召開的國際商業大會上，我們討論了世界和平與國際貿易。在那次大會上我被選為此組織的主席。您曾表示絕不會再有戰爭，並說要致力於發展與他國的貿易。

幾天後，您的代表斯哈科特以德國政府的名義授予我一枚德國鷹十字勛章，以表彰我為世界和平和世界貿易做出的努力。我是為此目的接收了這枚勛章，並向您表示過我將繼續為這項事業的利益而合作。

就目前您的政府政策來看，已經違背了我曾為之奮鬥和努力的目標，也違背了我接受這枚勛章的宗旨。因此，現在我將它歸還於您。

您真誠的 托馬斯·J·沃森

七月三日，小沃森與父母告別。

第二天上午，與赫伯特在華沙踏上了開往遠東的火車。二十三歲的小沃森感覺這一天就好像是他個人的獨立日。

赫伯特的計劃是先去莫斯科，從那裡乘坐橫跨西伯利亞的火車，一到中國東北就立即銷售博覽會的場地。當時，這裡是日本人控制的。

在蘇聯邊境換車時，警衛人員檢查了他們所帶的所有的東西。俄國革命到當時才二十年，小沃森很想了解這一新的社會體制效果如何。當赫伯特在火車上打盹時，他卻在思索這些問題：「為什麼那些有思想的人不能探討一下分配財富的理論？實際上美國的財富分配也不是完全公正的。媽媽總是告訴我們：『你們的父親努力工作，所以他獲得了成功。』但是，我認為有些人工作同樣像爸爸那樣努力，卻所獲甚少。或許有些制度會更合理一些。」

到達莫斯科後，蘇聯旅行社的國內部門派了一個人把小沃森他們接到莫斯科最好的賓館大都飯店。

兩天後，小沃森給爸爸寫信說：「蘇聯是個可怕的地方。」他原以為父親見到信後一定會說他胡說八道。但三天以後，他回了信，語氣溫和地說：

如果你仔細觀察的話，我肯定你會發現蘇聯情況比起戰前那一團糟來要好得多。更重要的是，你必須知道，每個國家都在尋找適合自己人民的最好的生活方式，在這些問題上，我們沒有資格去對他們進行批評和建議。

小沃森明白了父親的意思，也對父親的為人之道深感敬佩。以後在蘇聯的幾天，他再也沒有說過分批評蘇聯政府的話。

蘇聯國內旅行社給他們安排了兩天的彼得格勒（現名為聖彼得堡）之行。在那裡，小沃森參觀了俄國沙皇的皇宮，那裡珍藏著大量藝術珍寶。

旅行社的人們帶著他們乘坐大轎車參觀了莫斯科郊外的一處帶有明顯社會主義特色的農場。它和美國普通的農場沒多大差別，使小沃森深有感觸的是他們的整潔、明亮的托兒所和這種看護孩子的方法。

在莫斯科時，赫伯特很多時間待在日本大使館裡計劃東去旅行的下一步行動，卻一點也不給小沃森安排事情，這讓他感到奇怪。

一個星期之後，赫伯特告訴小沃森又有一個年齡和他相仿的小夥子要加入他們的行列，他是紐約著名投資銀行家的侄子，叫彼得・緯爾。

小沃森問為什麼他要來。

赫伯特說：「和你一樣來做我的祕書。」

小沃森大為惱火：「這到底是怎麼回事？您並不需要兩個祕書啊！」

再三追問下，赫伯特最後才說出實情：「彼得的旅費是他家人給提供的，你也如此。」

這對小沃森的自尊心是一個重重的打擊，他感到又羞又惱。如果早知道是爸爸安排的，他絕不會接受這項工作。他也很氣憤赫伯特和父親一起捉弄自己。但是，事已至此，小沃森也沒有別的辦法，只好繼續這次遠東之旅。

在火車穿越西伯利亞期間，小沃森和彼得同在一個包廂。他們每天晚上玩西洋六子棋到深夜。當火車到達滿洲里時，小沃森已輸給他四十美元。

火車開得很慢，停的站也很多。有很多時間，小沃森是在觀望窗外的森林景色。寬廣遼闊的原野無邊無際，到處是一片片鬱鬱青青的松柏和白樺林。

小沃森看著窗外，心裡幻想著：「如果這片闊大的土地能被允許開闢一條空中航線，它將可能是世界上利潤最高的旅遊路線：柏林至東京五日遊。」

小沃森對西伯利亞人感到新奇。每當火車到達一個小站，他都要下去勘探一番，並在商店裡討價還價，買點東西。

跨過西伯利亞，就進入了中國東北，這裡已被日本侵占。要到達東京，他們還需跨過朝鮮半島，在釜山乘船過海。就在幾天之後，日本發動了「七七事變」，開始了全面的侵華戰爭。一些歷史學家把它稱作第二次世界大戰的開端。

小沃森到達東京後，住在帝國飯店。赫伯特神祕地不讓小沃森和彼得拆看他的郵件，甚至連他的行蹤也不告訴。但最後他終於將展覽場地全部賣了出去。

透過這次日本之行，小沃森認識了許多日本的著名人物。其中有一個造紙廠商，名叫藤原，他邀請小沃森到他家去品茗，席間談起了侵略中國一事，以及對日英和日美關係的影響。藤原坦率地說日本已不再害怕英國，因為它已日薄西山，而日本方蒸蒸日上。

赫伯特問道：「那麼美國呢？」

藤原笑著說：「我們喜歡羅斯福總統的睦鄰政策。」

小沃森過去總認為日本在很遙遠的地方，但在東京他卻不斷地碰到熟悉的面孔。有一個剛從常春藤學生會出來的畢業生，他知道老托馬斯，小沃森過去也認識他。甚至還有一位日本伯爵，當小沃森在哈恩學校上學時，他是普林斯頓大學最有名的花花公子。

這時，小沃森想把計劃來個大的改動。彼得正在安排等東京的事辦完之後，開始一次印度之行，小沃森決定和他一起去。他寫信給父親請求獲得准許。

老托馬斯馬上就回信了：

從長遠的觀點來看，你不能考慮這趟旅行。公司規定秋天開學，你絕不能例外。你自己的判斷將告訴你與赫伯特先生如期返回。不要耽誤了自己的前程，也不要讓我失望。

小沃森還沒有勇氣去違背父親的意志，至少不敢直接地頂撞他。於是，他只得留下來做事。當時，日本剛剛占領北京，小沃森請求赫伯特給他安排兩個星期的正式的北京之行。

小沃森那時還沒真正認識到北京已是交戰地區。當赫伯特通知老托馬斯時，他大發雷霆。可憐的赫伯特當了替罪羊。在東京火車站，小沃森看到站內擠滿了士兵和送行的親屬，這更讓他加深了對日本軍國主義的認識。

去北京的路上用了五天時間。踏上中國的土地，觸目盡是戰爭的景象：車站房頂上端著機關槍的日本士兵，毀壞了的設備，倒塌的房屋，遍地的彈坑和戰壕。

旅途的最後一段是從天津到北京。短短的上百公里路程火車竟開了整整一晚上。車廂內有那麼多的外國人，一個連的日本士兵，一個藏族貴族和他的妻子、孩子，一位去北京會丈夫的美麗的白俄羅斯婦女。

到達北京後，小沃森住進了北京飯店，找到了在穿越西伯利亞的火車三等車廂裡認識的英國姑娘。其中一位與美國使館的一個海軍陸戰隊軍官住在一起。

可是戰爭對北京的上流社會尤其是對外國人並沒有多少衝擊，他們照樣開著豪華的宴會，過著燈紅酒綠的生活。小沃森也不例外，但他卻感受到了戰爭的劇烈刺激。

小沃森從來沒見過像北京這樣的城市，它是個外國人享樂的地方。你無須花多少錢就可以過得很好。雇一個好的傭人每月只需十美元，包一個星期的黃包車才一點八美元。所有的東西比較起來都很便宜。因此，北京吸引了大批的外國人，其中幾乎包括各個國家的社會渣滓。

北京飯店的頂層酒吧是夜晚人們最常去的地方，可以點一杯杜松子酒，坐在窗前靜靜地觀賞城市西郊劃破夜空的炮火。戰爭正在那裡進行。

小沃森和彼得認識了一對名叫弗斯托克的兄弟。他們來自美國長島，對北京很熟悉。

一天晚上，弗斯托克兄弟說：「我們應該到城外去親眼看看戰爭的真實情形。」小沃森和彼得齊聲叫好。

第二天一大早，他們雇了一輛汽車和一名司機，弄了一面大的美國國旗掛在車篷上，於是開車出發。他們考察的第一個地方是兩個星期以前日本屠殺了兩百名中國人的埋葬場。只見路邊一片新墳，屍體腐爛的氣味撲面而來。

然後，小沃森又慫恿他們：「我們應該再到機場去看看。」

於是，他們驅車去飛機場。出乎意料，竟然暢通無阻地一直開到機場跑道旁邊。他們看到日本執行任務剛剛返回的轟炸機。這些飛機又破又舊，都快老掉牙了。同時，小沃森也為飛行員們擔心。因為機場被炸得到處是砲彈坑，飛機在降落時很危險。

小沃森一直喜歡飛機，他想給飛機照幾張照片，於是拿著照相機走出了車外。但是，他馬上聽到身後「咔啦」一聲，轉身一看，一個日本哨兵把剛剛子彈上膛的機槍正對準了他的胸膛。

這可把他們四個嚇壞了。小沃森趕快鑽進汽車，灰溜溜地夾著尾巴回城去了。

在北京剩下的日子裡，小沃森也沒有心思再去看戰場了，只是在商店裡瘋狂地購物。一個星期後，已經花光了身上的四百美元，身邊卻多了兩個裝得滿滿的大箱子。

他給妹妹買了古香古色的滿族旗袍、綢緞浴衣，裡子是用還沒出生的羔羊毛做成的。另外還買了不計其數的翡翠、玉石和琉璃雕刻而成的工藝品。

離開北京時，小沃森長長地出了一口氣，他從來沒有這樣強烈地嚮往和平。此時，日本入侵上海遇到了挫折。沿途所見到的日本人個個神情緊張。在火車上，小沃森看到兩個莊嚴肅穆的日本士兵。他們把一位捐軀疆場的將軍的骨灰盒運送回國。

火車到達朝鮮邊境時，一個日本官員堅持說小沃森的護照不合法，並要他交出一百美元的罰金。

小沃森當然拒絕交錢：「你們怎麼能這樣做？我的護照根本沒有問題。」

這時，那個官員大聲喝道：「沒什麼好說的！來人！」馬上闖進來兩名士兵，將刺刀頂在小沃森的胸脯上。

小沃森又氣又怕，只好立刻付了錢。一連幾天他都在想這事，並感覺到：「這些混蛋看來是真想準備打仗。」他心中對日本人充滿了仇恨。

小沃森也為美國和英國的做法感到羞恥，他們沒有站在中國一邊進行調解。在天津時，小沃森在港口裡見到過美國的海軍驅逐艦，它們是來接準備撤出北京的美國僑民。他當時也希望自己能跟著軍艦一起走。

這是小沃森走向社會的真正第一步，而且如此強烈地讓他看到了德國納粹的冷酷無信、日本軍國主義的殘暴。

進入公司銷售學校

一九三七年秋，小沃森從遠東回來之後，作為實習生進入國際商業機器公司，同其他新生一道首先進入恩迪科特的國際商業機器公司培訓學校學習。

這時，小沃森希望人們能像普通人那樣對待自己。但是他心裡卻沒有底，因為父親在那裡的影響實在太大了。

當他拿著書在街上走時，人們會說：「看，這就是沃森先生的兒子。」

在第一個星期，有一天下課後，小沃森來到一家酒吧。侍者對他說：「你爸爸不是對喝酒有很多規定嗎？」

小沃森解釋說：「那些規定只是適用於工作期間和辦公場所。」但他們根本不聽。小沃森再不敢到那家酒吧去了。

國際商業機器公司的總部設在曼哈頓，但公司的靈魂是在恩迪科特。就是在這兒，國際商業機器公司造出了它的打孔機，並向用戶展示如何使用它；也是在這兒，國際商業機器公司訓練新手怎樣去銷售它的產品，幾乎所有員工都是從這裡走向工作崗位的。

恩迪科特是紐約州西部的一個傍河小鎮，冬天，這裡的氣候總是又陰又濕。不管什麼時候，只要風從約翰遜製鞋公司皮革廠的上空吹過，恩迪科特就要籠罩在一片臭氣裡。

當時，國際商業機器公司分兩個步驟訓練新學員。新生十月份來到恩迪科特後，先進那裡的機械學校學習產品生產的知識。第二年的春季和夏季，他們去給老推銷員當助手。在下一個冬季裡，他們再回恩迪科特學習銷售方面的技巧。最後，他們就開始自己推銷員的生涯了。

老托馬斯每年付給銷售員的薪水和傭金平均為四千四百美元，最優秀的推銷員可以拿到高好幾倍的數目。

在其他公司，參與培訓的老師都是銷售業績不太好的員工。而在國際商業機器公司，參與培訓的老師都是銷售精英，以使學員能夠得到最好的銷售經驗；而且老師要定期更換，使那些一線的推銷員能夠帶給學員最新、最快的銷售訊息。這使小沃森深深地體會到了國際商業機器公司的經營之道。

在銷售實習中，國際商業機器公司還安排學員作為老推銷員的助手，採取「傳幫帶」的方法，使學員盡快掌握銷售技巧；並強調，從老推銷員那裡得到幫助，是每個學員的權利，也是每個老推銷員的義務。

除了因自己出身於推銷員，而特別重視銷售外，老托馬斯還一直對當年在現金出納公司所遭遇的事耿耿於懷，因此在國際商業機器公司的口號中，他提出很重要的一條：「要尊重每一個人。」

小沃森這個班裡幾乎清一色的都是大學畢業生。大家住在一個原始的木質結構的老式旅館裡，它專門為國際商業機器公司提供食宿。

每天早上，學員們都要拿著課本在鎮中大街上走過三個街區，向右拐上北大街，然後進入國際商業機器公司。

當老托馬斯於一九一四年春天第一次來到恩迪科特時，整個計算製圖記錄公司在那裡只有一個製造鐘錶的小廠子。北大街其他的地方除了幾家酒吧，就是一片荒地。

而到了一九三七年，因為有了國際商業機器公司的發展，小鎮發生了翻天覆地的變化。老托馬斯買下了那些荒地，建起了一片裝有空調設備的白色的現代化的工廠，以及一座宏偉的研究和發展中心。這個中心的正面建築是古希臘柱頭式的。所有從工廠面前走過的人，都會感到一股巨大的公司精神和生命力。

國際商業機器公司職員的收入高出全國平均水準。他們工作的工廠裡，機器一塵不染，硬木地板擦得發亮。在工廠後面的小山裡，老托馬斯買下了一家老的非法酒店，把它改造成一個鄉村俱樂部，飲料全部免費。俱樂部包括兩個高爾夫球場和一個射擊場。任何國際商業機器公司的職工只要一年交一美元就可以加入俱樂部。俱樂部每星期還提供三頓晚飯，為的是減輕一下職工妻子的廚房勞動。

老托馬斯還提供免費的音樂會和圖書館，開設夜校以提高職工的素質。他相信寬宏大量在管理方面的作用，事實證明他是正確的。在恩迪科特，人們的道德素質和生產效率非常高。

老托馬斯所做的一切得到了員工和親屬的熱烈歡迎，他們都為自己能在國際商業機器公司工作感到非常自豪。這些富有人情味的舉動極大地增強了公司的凝聚力，使得國際商業機器公司在當時保持了相當的穩定。國際商業機器公司的僱員們從未感到有組織工會的必要。

小沃森禁不住為父親深深地感到驕傲。這裡，是父親一手締造的王國。國際商業機器公司的銷售學校坐落在北大街，位於企業中心。學校的宗旨是為公司的未來培養管理人員。老托馬斯經常與學生們談話，就像對待公司裡的同事一樣。

學校所做的一切都是為了激勵忠誠、熱情和富有創造性的精神，國際商業機器公司提倡以這種精神去獲取成功。在學校的大門上，寫著兩公尺見方的兩個金色大字：

「思考」。剛進門裡，是一座花崗岩石的台階，上邊刻著：

思索 觀察 討論 聆聽 閱讀

其用意是在學生每天踏著台階去上課時，把學生置於一種發憤努力的精神之中。

每天上午上課時，大家首先起立唱國際商業機器公司歌。每人都有一本歌本，名字是《國際商業機器公司之歌》。打開歌本的第一頁是美國的國歌「星條旗永不落」，接下去是國際商業機器公司王國的國歌「永遠向上」。有幾十首歌頌老托馬斯和其他公司領導人的歌，都是用大家熟悉的曲調配詞而成的。

許多外部人將國際商業機器公司唱歌的做法視為異端，但是，學校的負責人卻不這樣看。他說：「我們有著公司的廠歌校歌，它們對提高我們的士氣和道德風尚功不可沒。現在讓我們來學唱。坐在鋼琴前的弗藍荷特先生先給大家唱一遍，然後大家跟著一起唱。」

老師們都是公司裡的元老，和大家一樣都穿著正規的國際商業機器公司服裝：黑色的西裝，白色的硬領襯衫。教室講台後方的牆上懸掛著一幅老托馬斯的大畫像。其他的教室裡，也是到處點綴著老托馬斯的口號，如同國際商業機器公司所有的辦公室一樣，到處都可以看到「思考」兩個醒目的大字。

這句話的作用像水晶一般的清楚：只要你肯動腦子，你就會銷售更多的機器，提升得更快。

對小沃森來說，由於從小在國際商業機器公司的環境中長大，所以，他非常適應公司的文化。

學校給學生們十二週學習生產方面的知識，主要的學習重心是放在打孔機上。當時，打孔機在市場上的需求量很大，它的銷售占公司總收入的百分之八十五。同時也在嘗試生產電動打字機。

開始，小沃森一看到打孔機就興奮不已。他從小就接觸這種機械式的電腦器。在工業化的歷史上，打孔機與提花呢織布機、棉花脫粒機和蒸汽機車有著同樣的地位。在打孔卡出世之前，所有的會計和記錄工作都由人工來完成。打孔卡系統消除了大量的煩瑣勞動，如複製全部的分類帳和寫帳單等，並且把工作做得簡便、可靠而迅速。很明顯，它將是未來的新潮流。

國際商業機器公司開始吸引高品質的人才，因為打孔機成為人們喜聞樂見的好幫手。

當年，老托馬斯正是看中了打孔機的發展潛力才加盟計算製表記錄公司的。隨後，如他所料，打孔機在數據處理方面大顯神威，用戶也延伸到了各行各業。

小沃森來到恩迪科特時，打孔機已經取得了很大發展，也相當精密了。它一分鐘可以處理四百個卡片，並印付款單和地址表，同時它還可複製出公司正在手頭處理的會計數字。

小沃森對打孔機充滿了感情，他甚至還設想著用一套卡片讓用戶以十種至十二種的方式來使用同一種數據。因此，他相當有信心去銷售它們。

但是，不久小沃森就發現，在國際商業機器公司學校需要學習的內容，遠比打孔卡看上去要複雜得多。每個人都必須學會操作機器，懂得該機器的原理，並去完成特殊的任務。這項工作涉及在一張電話總機交換台似的工作台前接線頭。每人守著一部接線台。

小沃森很快就發現，自己的實際接線操作能力要比理論方面的理解力差得多，費了很大的勁也沒能弄清楚。兩個星期以後，為了不至於掉隊，他不得不配備了一個老師專門輔導。

由於小沃森是托馬斯・沃森的兒子，學校中所有的人都在猜想老托馬斯在兒子身上的用意。學校的領導是小沃森在哈恩中學時的校長伯里格。他和老托馬斯過去就非常熟悉，他竟然想出一個主意來取悅老托馬斯：讓小沃森來擔任班長。

伯里格在選班長的時候還是費了點心思的，他採取措施讓其他的同學投小沃森的票。

小沃森雖然心裡對此感到厭煩，但當時他還沒有勇氣說「我幹不了」。

在恩迪科特待的時間越長，小沃森就越感到它荒涼無聊。這個地方提供不了多少有趣的活動，但到處都有父親的影子，讓他感到拘束。父親在無形和有形地控制著這裡的一切。

平常，小沃森和同學們都在旅館裡吃飯，如果出去吃的話，飯食較貴，大多數的同學都屬於窮學生，吃不起。另外，恩迪科特的餐館都是義大利籍的工人們常去的地方，做的飯經常讓人吃了胃灼熱。

老托馬斯大約一個月來恩迪科特一次。當地的經理們會變得很緊張，因為老托馬斯總會在別人預料不到的地方挑出毛病來，並喜歡把毛病誇大。不管檢查哪方面的業務，他都要深入到每個細節，提出許多想法和問題，所以搞得人們不得不小心翼翼。

校長伯里格有時不知道應不應該讓小沃森曠課去車站迎接父親。一般的情況下，他都去車站迎接，例行公事地站在寒冷的月台上，看著火車噴著蒸汽緩緩地開進站來。

在恩迪科特，老托馬斯最喜歡的地方是國際商業機器公司的老根據地——一幢四方形的深綠色房瓦的義大利式住宅。它原先屬於鎮子的創始人。老托馬斯在它的側翼進行了擴建，增加了四十個帶浴室的客房。前來洽談業務的客戶可以在這裡進行一星期的操作訓練，學習如何使用打卡機。

老托馬斯時刻警覺著工廠的需求，他去視察工廠時，會在工廠裡轉來轉去，碰到問題時他會把腳踩在凳子上與人談論半小時。然後，他走出來，針對那些問題對祕書發布一連串的指示。

在晚上，老托馬斯回到國際商業機器公司餐廳，與客戶們坐到一起開始交談。他們都佩戴著能顯示身分的徽章。吃完晚飯後，更多的人會圍攏到他那張飯桌前。老托馬斯有時要與一二十人交談，人們很容易看出他是個偉大的推銷家。他侃侃而談，不時做幾個手勢。不管同不同意他的觀點，聽者都被他的談話吸引著。

他們一談就是大半宿，經常談到凌晨一兩點。小沃森對這些談話感到既敬佩又厭煩，但又不能走開，因為一離開就會傷爸爸的心。

一般來說，在老托馬斯到恩迪科特時，小沃森總是和他保持一段距離。但父親從未對小沃森的學習成績說三道四。

漫長而艱苦的學習生活終於結束了。畢業期間，小沃森和全班同學來到曼哈頓，出席國際商業機器公司一年一度的銷售慶祝大會。幾百名完成了他們銷售任務的推銷員們匯聚紐約，出席由公司出資在紐約最豪華的飯店華道爾夫飯店舉行的盛大宴會。伴隨著歌聲、獎金和獎狀，每一位銷售員都要站在講壇上說幾句話，表達自己的推銷感想。

宴會一直持續了幾個小時。學員們聽了，一個個心中都對未來充滿了希望。

最後，該輪到小沃森上台說話了。他代表全體新畢業的學員贈送給父親一本精美的遊艇畫冊，然後，他們倆作為一對國際商業機器公司父子俱樂部的新成員照了一張合影。

小沃森感覺，在銷售學校這兩年中，學到了比前二十三年都要多的知識，也從此對父親和國際商業機器公司有了更深刻的理解。

成為出色的推銷員

一九三九年，小沃森從國際商業機器公司銷售學校畢業，與其他學員一樣成為了公司一名推銷員。

公司分配小沃森負責曼哈頓地區的銷售業務。這是公司的一個重要產品銷售地，其範圍包括整個金融區的西半部，以及華爾街的一部分。

雖然已經經過了兩年的銷售學習，但是小沃森自己還是沒有太多的自信，不知道如何才能與客戶更好地打交道。

不過小沃森反過來想：「萬事開頭難，只要有了第一次成功，以後就會順利多了。」

他的第一次外出推銷產品，是在百老匯大街上靠近三一教堂的一幢舊的辦公大樓裡。小沃森走進門廳裡，看著名錄牌上好多公司的名字，猶豫不定：「我該從哪家開始下手呢？」

當時小沃森身上帶著一份已經拜訪過的公司名單。他瀏覽著這棟大樓裡許多公司，還有很多沒有去推銷過，甚至不知道那些公司從事何種業務。

突然，小沃森在名錄牌上看到了馬丁公司的名字，他產生了一種似曾相識的親切感，他不由眼前一亮：「這是我熟悉的一個公司名字呀，因為我小時候吃過馬丁公司生產的魚肝油。它裝在黃色的瓶子裡，瓶口很大，勺子都可以伸進去。這種兒童營養補品含有蜂蜜，味道甚佳。對，就從這家公司入手！」

小沃森乘大樓的電梯來到馬丁公司那一層，進了公司大門，看到裡面還有一道低低的橡木櫃台，中間有一個小門，馬丁公司的接待員就坐在櫃台後面。

小沃森努力壓制了一下心中的緊張，清了清嗓子。接待員抬頭看了他一眼。

小沃森對自己說：「沒事的，有什麼好緊張的。」然後走到接待員跟前，對接待員說：「您好，我是托馬斯．沃森，是國際商用公司的推銷員。我不知道是否可以見一見你們的總會計師，談談打孔機的事。」

接待員肯定是見多了這種推銷員，她按照慣例推託說：「我肯定你不能，今天我們非常忙。」

在銷售學校時，小沃森已經聽到過類似的情況，所以接待員的回答也在他的意料之中，他拿出自己的名片遞給接待員說：「您能把我的名片送給那位先生嗎？如果他今天沒空，我改天再來也行。您也可以告訴他，或者他什麼時候需要可以隨時聯繫我。」

接待員接過名片，走了進去，很快她走了出來，對小沃森說：「年輕人，你的運氣真不錯，我們總裁竟然要親自見你，快進去吧！」

小沃森不由又驚又喜，他徑直走進總裁的辦公室，一邊走一邊在心裡想著見了總裁該怎麼說才能引起他對自己的產品感興趣。

總裁正坐在桌子後面，看起來是一個很和藹的人，小沃森心裡放鬆多了。

總裁見到小沃森，從桌子後面站起來和他握手，然後說：「很高興你能光臨我們的公司。」

小沃森趕緊迎上去握住總裁的手：「我也是。您好先生，我很喜歡你們公司的營養品，我小時候經常吃，我媽媽經常給我們買。我是新上任的推銷員，剛才在門廳看公司名錄牌時，我想應該先到名字熟悉的公司去，於是我就到這來了。」

總裁微笑著看著小沃森，說：「你是你們公司的老總托馬斯·沃森的兒子嗎？」

小沃森說：「是的。」

總裁示意小沃森坐下，然後說：「那好的，讓我給你講個小故事吧！我有個朋友掌管著一家大公司，他把兒子帶到公司裡來，為他安排了一個位置。但是這個兒子光想過奢侈的生活，而不老老實實地工作。最後，他變成了個酒鬼，讓他爸爸給解僱了。你怎麼看這個故事？」

小沃森聽了，想了一下，然後說：「先生，謝謝您給我講這個故事，我想您是想給我一個忠告。我一定引以為戒。但現在我想告訴您打孔卡片用在會計計算中的方法，它能幫助您大大地提高工作效率……」

總裁馬上打斷了小沃森的話：「嗨，你別怪我說話直啊！我對這玩意不感興趣。我只是聽到你是托馬斯·沃森的兒子，才叫你進來的。我認為你應該知道很多像你這樣家庭出身的孩子長大後都一事無成，所以，很高興見到你，沃森先生。現在你請吧！」他說著，指了指門的位置。

小沃森聽明白了總裁的意思，他只好放棄遊說的念頭。但是，他不明白這位總裁為什麼給他上了這麼一堂課。他心中產生了委屈、憤怒的情緒，回憶起自己在中學和大學時所做的那些荒唐事，走過的那些好吃懶做的日子，不由心中悔恨交加：「我絕不會再做那樣的少爺崽子了，我絕不能讓父親為我丟臉。」

經過這一次，小沃森也走出了獨立推銷的第一步，他漸漸地找到了一些感覺，以後，他的運氣慢慢好起來。當自己的推銷引得一些顧主產生興趣時，他逐漸被這種工作吸引了，並發現銷售十分富於刺激性。

通常，小沃森會像其他推銷員一樣，首先是帶顧客去看操作示範。然後，如果發現顧客對產品感興趣，那就問他：「是否需要我們去貴公司做一個調查，看看您的辦公室裡哪些業務可以使用打孔卡，這樣可以使你們的工作實行自動化，好嗎？而且您可以比較一下，再作出決定。」

打孔卡片特別適用於處理帳單、會計收據和銷售分析，因為它們都建立在一套相同的數據上。小沃森和其他國際商業機器公司的推銷員很容易就向顧客顯示出這套設備的效率。

當時國際商業機器公司最便宜的一套機器叫做「國際五十」。它包括一台卡片分類機、一個打孔鍵和一台不能影印的製表機；一個月才花五十美元的租金。

這時，小沃森對顧客說：「它一個月才五十美元，而且幾乎能頂上一個聰明伶俐的、業務熟練的姑娘。而你每月卻要付給一個女辦事員九十美元的工資。」

一旦發現顧客透過比較，對機器產生了興趣，那就進一步誘導顧客說：「如果您能夠再花兩百美元的話，我們可以再給您裝一套影印機。這樣，可就更節省人力了，你所有的記帳和核查工作都由機器來給你做了，這不但會大大提高工作效率，而且還會提高數據的準確度。」

小沃森在一次次成功的推銷之後，逐漸發現，國際商業機器公司的經營方式有它不同尋常之處，比如公司實際上並不出售打孔機，推銷員所說的銷售實際上是租賃，實行一種全方位的服務——提供機器設備和持續不斷的售後服務。

其實，租賃制度需要很大的人力物力，但可以使公司的生意穩定，在大蕭條期間也沒有受到過衝擊而安然度過。

老托馬斯對兒子說：「如果經濟狀況不好，有的公司可能不願意花一大筆錢去買一套昂貴的設備，但卻負擔得起每個月的幾十美元。你在一年裡一台機器也賣不出去，但是努力做好原有顧主的售後服務，你也會獲得與上一年同樣的收入。租賃制是國際商業機器公司成功的主要訣竅之一。因為他們一旦用上這種機器，就再也無法回到手工時代了。」

國際商業機器公司利用這種其他公司不願意採用的租賃制，在競爭中搶得了先機，並以其良好的售後服務贏得了大量的客戶。而顧客在使用一段時間之後，如果想要買一台機器，當然也會首選國際商業機器公司。

當時，所有的機器出租都為期一年。新租期的簽約使推銷員有機會造訪那些使用機器的公司的高級領導人。小沃森在銷售學校時就被教導：「作為一個優秀的推銷員，一定要眼眶子向上。」

老托馬斯也經常對兒子說：「打電話給那些決策者們！給總經理打電話！」並且教給小沃森不少發掘決策者作用的絕招。透過回訪，無論從感情上還是從信譽上，都會大大增加公司產品的銷售機會。

當然也會遇到客戶對這種產品不感興趣的時候。小沃森還隨身帶著一種法寶，那就是國際商業機器公司內部出版發行的雜誌《思想》。他會不失時機地分發給客戶，然後說：「先生，我看出來你對這種機器不是很感興趣，它們對你們這裡也不是很合適，這沒關係。但既然我來到這裡，就讓我送給您一本或許您能感興趣的雜誌吧！這本雜誌是我們公司的免費雜誌，您有時間翻閱一下，你瞧，這一期有羅斯福和杜威的講話，還有一篇電子管發明者福里斯特的文章。我把這份雜誌和名片留給您。如果您喜歡，您可以免費訂閱。只要跟我說一聲，我把您的名字寫到名單上就是了。希望我們以後能常聯繫，互相關照。」

《思想》雜誌是一本內容廣泛的趣味性月刊，編輯得非常好。人們只有透過扉頁下方的一行小字才能得知它是國際商業機器公司出版的。每一期的開頭都是一篇由老托馬斯寫的論述世界進步的社論。老托馬斯認為，它能很好地宣傳企業形象。

《思想》雜誌散發給所有使用國際商業機器公司機器的用戶。但它絕不僅限於此。它的發行量達到十萬份，而國際商業機器公司的用戶僅三點五萬。老托馬斯讓把雜誌贈送給所有可能幫助國際商業機器公司的人。

老托馬斯在兒子做推銷員時從來沒表揚過他。他們在家時偶爾會說上幾句話，老托馬斯會問：「你認為新的銷售計劃怎麼樣？」或者「你認為瓊斯先生怎樣？」

無論小沃森怎麼回答，老托馬斯總是打斷說：「你看，在對瓊斯先生的評論上，你是真缺少社會閱歷。」

小沃森發現父親很樂意做這些小的感情練習，他想：「或許他是在考考我，但這種考試沒人能夠透過。」

小沃森的銷售成績越來越好，他總是能超額完成任務。他自己也知道，那些想拍父親馬屁的人不斷地給他攬生意。這使他賣出了大量的機器，為此他也感到很沮喪。

有一次，小沃森對上司隱隱地表示出不滿的情緒。他說：「嗨，接著幹，年輕人，我們幫助所有的推銷員。你是幹大事的，不管怎麼說，我們所做的百分之九十九都是你自己的。」

在國際商業機器公司的銷售工作期間，他一直忍受著自我懷疑的折磨。無聊，卻又無可奈何。那時他經常對自己說：「我不能讓國際商業機器公司支配我的生活。」

在國際商業機器公司工作的時間越長，小沃森就對父親周圍的偶像崇拜氣氛越不滿意。在國際商業機器公司每週一期的報紙《商業機器》上，經常有老托馬斯的大幅照片和通欄標題。

父親越是成功，人們就越是阿諛奉承他，於是，他就陷入了一片吹捧之中。一切事都要圍著他轉，他不停地在發號施令，身後總有個祕書拿著筆記本在團團轉。

漸漸地，小沃森對父親的輕蔑在家庭飯桌上表現出來。平時吃飯時，當老托馬斯講話時，全家人都必須全神貫注。只有小沃森悶悶不樂，愛答不理；有時獨自叼上一根煙捲，懶洋洋地歪靠在椅子上，兩眼盯著天花板打轉。

老托馬斯從未對小沃森這種行為發表任何指示，但是，他開始經常把小沃森從辦公室裡叫出去，跟他一起出差；或把兒子叫到他的辦公室，讓小沃森談談對某些事情的意見。

老托馬斯還安排兒子參與了一九三九年世界博覽會「國際商業機器公司日」的準備工作。這個博覽會與赫伯特帶小沃森去出售場地的那次博覽會一樣。老托馬斯想利用這次博覽會搞一次國際商業機器公司史上最大的活動。

他把一萬多名客人帶進曼哈頓，其中包括國際商業機器公司所有的工人、維修人員、推銷員以及他們的家屬。這些人要在賓館裡住上三天。他們其中有許多人從未來過紐約。光是從恩迪科特來的人就坐滿了十列火車專列。

為了宣揚這一活動，老托馬斯在紐約的各家報紙上做了整版廣告。廣告的大標題是：「他們都來啦！」自從第一次世界大戰的部隊調動之後，美國還沒有過這等規模的人員流動盛況。

他之所以如此興師動眾、大肆鋪張，主要是為了顯示國際商業機器公司的一切都是最大最好的。父親的一行一動給了小沃森深刻的印象，使他看到了父親在為公司操勞方面費了很多心血。

「國際商業機器公司日」在一片熱鬧的喧騰中度過了。紐約市長在開幕式上講了話。接下來，老托馬斯宣讀羅斯福總統的賀詞，同時受到了特別的歡迎……著名的歌劇明星莫爾和勞倫斯也來現場獻藝；費城交響樂團除了演奏巴哈和西貝流士的作品，還演奏了國際商業機器公司的交響樂。這些節目被各家電台實況轉播……

一九四〇年新年過後，在上班的第一天，小沃森一下子變成了公司裡最出色的推銷員，因為他與美國鋼鐵公司做成了一筆大生意。在一天的時間裡，他完成了全年的工作定額。

公司對此進行了極力的宣傳，公司的報紙上用大字標題登出：小托馬斯・約翰・沃森——一九四〇年100%俱樂部的第一人！而且內容也極力地誇張。

但是小沃森卻為此感到心中有愧，有失身分。因為人們都知道，他的成功只是因為他是總裁的兒子，不然的話，永遠也不能在如此短的時間裡售出這麼大的一批貨。他越來越對此感到厭煩了。

這種內心的折磨一直糾纏著小沃森，有時他甚至產生了擺脫這一切的想法：「我要離開國際商業機器公司。我要有自己真實的生活，用我的實際能力來生存！」

與奧麗芙結為伴侶

一九四〇年，正是第二次世界大戰時期。剛開始，炮火只在亞歐大陸炸響，美國還在坐山觀虎鬥。但從種種跡象來看，美國的參戰看來已經不可避免了。

當戰爭到來時，小沃森正急切地想擺脫父親和國際商業機器公司的束縛，於是他想參軍去當飛行員。他已經是二十六歲的成年人，一個有豐富飛行經驗的駕駛員，沒有必要再去訓練學校學習。

有一天，小沃森聽說美國空軍司令阿諾德將軍要來紐約對青年人發表演說，就大膽前去徵求他的意見。

阿諾德性情爽快，說話直截了當。當他講完話後，輪到大家提問題，小沃森第一個舉起手來。

阿諾德乾脆地指著小沃森，嘴裡冒出一個字：「說！」

小沃森說：「將軍，我有一千小時的民航駕駛經驗。我想知道怎樣不經空軍飛行訓練學校就可以進入戰鬥部隊。」

阿諾德明確地拒絕了：「一點別的方法也沒有。去飛行學校。下一個問題。」

但是小沃森仍然不甘心，他站在那裡，說：「將軍，進行重複訓練是在浪費政府的錢啊！」

阿諾德的口氣不容置疑：「這是兩種完全不同的飛行，你的民航訓練是遠遠不夠的。坐下！」

小沃森只好坐了下來，心裡想「我要繼續纏著他」。

其實，小沃森想避開飛行訓練學校的原因還有一個，那就是他的眼睛有點毛病。他私下找了一個醫生，對眼睛進行了空軍飛行員所需要的檢查，結果證實了確實有毛病。而空軍對眼睛的要求非常高，以他的情況根本無法通過檢測。

不過小沃森既有錢又有辦法，他找到了一個能夠幫助他的醫生，醫生用一種檢查眼睛平衡肌的儀器來對小沃森進行訓練，不久他便適應了。小沃森順利透過了測試進入了空軍，並且一連五年都能通過這項檢查。

後來，小沃森又找到了避開飛行學校的方法，那就是加入國民警衛隊。這樣所需要的只是三百小時的民航飛行和一次飛行測試。他輕而易舉就通過了測驗。

一九四〇年九月，羅斯福總統對國民警衛隊進行了總動員，小沃森終於實現了夢想，成為了一名空軍飛行員。到了年底，他已經成為偵察分隊的一名少尉。

平常的時候，小沃森仍在國際商業機器公司上班，每到週末就去斯代頓島的空軍機場進行訓練。

老托馬斯很少和兒子談論戰爭，但在小沃森入伍幾星期之後，他退回了希特勒德國授予他的勛章。戰爭的到來使他變得沉默寡言。他並非和平主義者，但他對美國是否需要捲入戰爭內心非常矛盾。

但在戰爭最後終於爆發時，國際商業機器公司全力以赴，老托馬斯自豪地在公司兵工廠製造的武器上標上了國際商業機器公司的名字。

小沃森所在的偵察分隊不久被調到麥克萊林空軍基地訓練，那裡又熱又濕，枯燥乏味。但小沃森並不介意，因為他終於從國際商業機器公司解脫出來，每天都能進行飛行。

經過在紐約三年的國際商業機器公司循規蹈矩的壓抑生活後，小沃森的內心此時獲得了一次解放，性情又回歸到孩童時期。他對這樣的生活感到充實而又刺激。他也為自己的選擇而自豪，因為這與父親沒有一點關係，完全是自己的意願，是靠自己的能力取得的。

一九四一年，小沃森不但透過參軍擺脫了父親，而且他還收穫了愛情。

長時間以來，雖然小沃森喜歡取樂，但為了父親的聲望，總是注意避免讓自己捲入醜聞中去。雖然他總是身邊有姑娘相伴，但他始終躲避那種挑逗性的風騷女人。這都是因為之前受過女人的傷害的緣故。如果不是早先認識過伊莎貝爾·亨利，他真不知道自己會發展成什麼樣子。

直至一九三九年初，在一次約會中認識了奧麗芙・考蕾，之前小沃森從未和哪個女孩子動過真情。

那是一次偶然的機會，一位哈恩中學時代的朋友約小沃森在週末與他們夫婦一起去滑雪。他們說好前來普拉扎旅館接小沃森。

當小沃森走下台階時，他看到一輛小型的福特牌汽車停在那裡，裡面裝有滑雪板，後邊還坐著一位漂亮得令人吃驚的妙齡女郎。

到佛蒙特需要六七個小時的時間，小沃森和奧麗芙整整談了一路。她是個楚楚動人、開朗活潑的女性。小沃森感到她雖然出身於上流家庭，但是卻自食其力，獨立生活。這一點讓他感到非常難能可貴。當旅行結束的時候，他們倆已經好得難捨難分了。

奧麗芙當時住在巴比松旅館，在羅伯特公司裡做簽約模特兒兒。她上過數次雜誌的封面，做過許多廣告。小沃森尤其記得在《走運》雜誌上登過她的一張照片，她拿著一片菸葉站在菸草地裡。

當他們一起外出時，經常有人攔住他們，對奧麗芙說：「嘿，你怎麼這樣面熟！我在哪裡見過你呢？」

在交往過程中，小沃森最受感動的是奧麗芙的寬容大度，她的慷慨使她在周圍有著很好的人緣。這一點尤其打動了小沃森，他認為這是一種非常優秀的品格。

即使他們因為小事情吵過架，但小沃森再也難以從心中把她忘記。他曾經與許多漂亮的女孩子打過交道，但沒有一個像奧麗芙這樣真正走進了他的內心。他對她從一開始就是真心實意的。

後來，老托馬斯和珍妮特從小沃森的妹妹那裡聽說他在和一個模特兒兒談戀愛，他們雖沒有公開反對，卻暗示小沃森這是否是在犯錯誤。當小沃森開始把奧麗芙帶到家裡參加一些活動時，珍妮特起先總是和她保持一定的距離，老托馬斯卻寬容地表示歡迎。

小沃森非常珍惜與奧麗芙在一起的時光，她也總在恰當的時機給小沃森一些生活和為人上的建議。

戰爭日漸艱苦，小沃森開始想：「自己該是成年人了，應該盡快與奧麗芙結婚了。」

每當奧麗芙在週末來看望小沃森時，都能感覺到小沃森變得越來越嚴肅、認真，已不再是隨便開玩笑了。奧麗芙也曾經表示過想過家庭生活，而小沃森由於考慮到在戰鬥中可能捐軀，也想快點結婚。這樣，兩個人就想到一塊去了。

一九四一年十一月，小沃森返回紐約，和奧麗芙一起去華道夫大飯店跳舞。在舞會上，小沃森正式向她求婚，並且掏出了口袋裡的一枚鑽石戒指。

在羅喀思特谷，小沃森和奧麗芙在她姑姑家舉行了盛大的訂婚儀式，並且計劃過了聖誕節之後舉行婚禮。

本來，小沃森認為希特勒將把美國捲入戰爭，但沒想到日本人搶先下手了。他在訂婚之後返回基地的汽車裡，聽著收音機裡播出一個驚人的消息：日本襲擊了珍珠港！

當時與小沃森同行的還有約翰夫婦。他們一開始怎麼也不相信，但是幾家電台都播送著同樣的消息。小沃森馬上意識到，他們分隊不可能長久地待在安尼斯頓，或許上級要對他們進行重新訓練，把他們送去開轟炸機。

回到基地後，小沃森發現所有的人臉上都帶著緊張不安的情緒。很多人認為日本飛機可能會對美國的西海岸進行襲擊。

幾個星期之後，小沃森分隊得到命令：移駐加利福尼亞。

小沃森聽到命令，馬上打電話給奧麗芙說：「你現在快速趕到我這兒來，我們馬上結婚。」

奧麗芙一聽就哭了，她說：「可是，我的結婚禮服還沒準備好呢。」不過她接著就說：「要不我到商店買些東西，今天晚上就和媽媽坐火車去你那裡。」

小沃森馬上又打電話給自己家裡，家人第二天也接著趕來了。

小沃森鄭重地邀請父親做他的伴郎，因為在那種時刻，他感覺是那麼思念父親。以往對他的氣憤、惱怒、生氣和反感通通消失了，掩藏在心底的只是愛和崇敬。戰爭已經降臨，家人在一起感到無限的親切，父子倆的關係前所未有地親密起來。

在安尼斯頓，唯一可以安頓來賓的地方是一家靠近基地的低檔旅館。小沃森不能離開基地，於是奧麗芙只好自己去買結婚戒指。在基地的小教堂裡，每十五分鐘舉行一場結婚典禮。因為其他還有很多趕在戰前結婚的年輕人。

小沃森早早地等在那裡，但奧麗芙卻被基地的門衛攔在門外，小沃森忘記通知門衛了。等到她終於進來的時候，大家湧進那條狹窄的小走廊裡，眾多的賓客擠成一團，就這樣，小沃森和奧麗芙草草地舉行了婚禮。

小沃森為了彌補奧麗芙對婚禮的失望，決心好好慶祝他們的新婚蜜月，儘管只剩下兩天的時間了。他在安尼斯頓找到了一處院內長滿了常春藤的紅磚小別墅，馬上租了下來，在裡面裝滿了食物和香檳酒。

老托馬斯為了兒子深謀遠慮，他估計安尼斯頓不會有花店，於是打電話給亞特蘭大。當小沃森攜著新婚娘子走進院門時，別墅裡到處布滿了鮮花。

結婚六天之後，小沃森的分隊起程前往加利福尼亞。奧麗芙不能隨飛機一塊前往，她只能和另一位中尉的妻子瑪姬開車去那裡。她們坐的是瑪姬的客貨兩用車，小沃森雇了一名中學教師開著自己的車子跟著她們。

但是，因為前方的氣候太壞，小沃森的分隊只飛到德克薩斯州的米德蘭就停下來了。他馬上在地圖上尋找奧麗芙她們可能行駛的路線，屈指一算，她們今天正好可能到達這裡。於是，他借了一輛破車，開到高速公路邊上，等待她們的到來。

不到一個小時，她們來了。小沃森看到兩個美人在一輛藍色的客貨車裡。他高興地把墊在屁股下面的一張報紙扔向天空，大叫著向她們招手。車子在很遠的地方停了下來，因為她們開得太快了。

突然，小沃森想起了自己的汽車，怎麼不見蹤影？是不是在路上遭到歹徒的劫持？他大聲問道：「我的車在哪？我的車在哪？」

奧麗芙一下慌了手腳，她說不出在什麼地方那輛車不見了。

後來，他們來到一家旅館，小沃森立即打電話給警察局。恰巧那位中學教師也向警察局打了尋人電話。

當天晚上，大家痛飲了一頓香檳酒，慶祝終於順利相會了。

進入利文沃斯軍校

一九四一年，小沃森的偵察分隊來到加利福尼亞。他們的訓練基地坐落在距洛杉磯五十英里遠的聖貝納迪諾，機場很簡陋，周圍也很荒涼，去後不久的聖誕節是在帳篷裡度過的。

當時帶家屬的飛行員不多。在很久以前，小沃森和父母曾在這裡的梅森旅館住過，奧麗芙就在這家旅館找到了一處相當幽雅寧靜的上好房間。

在聖誕節的晚上，小沃森想辦法搞到了一些烈性酒和牛奶。他把它們帶到帳篷裡去，與全分隊的同事們一起分享。

一開始，分隊就在基地裡待命。聖誕節過後的第四天，接到命令，任務是沿著西海岸來回巡邏海面，尋找日本的潛艇。

小沃森和戰友們每天徑直飛過洛杉磯的上空，飛離海岸十英里，然後沿著海岸線向北飛。飛行高度大約是四千公尺，為的是極大限度地看清水下的潛艇。當飛到最北邊的薩萊納時，飛機拐進內陸降落加油，然後再按原路飛回。

一九四二年新年剛過不久，小沃森又在城裡為奧麗芙租了一座灰泥結構的房子，與約翰的妻子合住。這是一座兩居室的小型別墅，屋裡鋪著普通的地毯，還裝備著一些家具。兩家共用一個洗澡間和廚房。

有一天晚上，小沃森把基地全部十三位軍官都請到家來了。大家飲酒作樂，非常熱鬧。結果，驚動了警察，他們趕來勸他們安靜一點。軍官們找藉口說：「知道嗎？我們要去打仗了，要保護我們偉大的祖國……」

這些警察聽了肅然起敬，居然摘掉他們的帽子和手槍，和小沃森他們一起熱鬧起來。

離基地不遠，在聖貝納迪諾山裡有一風景區，那裡有個溫泉旅館。每到休息日，小沃森就和奧麗芙驅車前往那個旅館，在那裡見到了許多電影演員。

戰爭爆發後的頭兩個月裡，日本似乎有占領整個太平洋之勢。他們先後進攻並占領了香港和菲律賓大部分地區。在太平洋上，他們攻下了威克島，並在那裡建立了基地。依形勢看，加利福尼亞將是他下一個進攻的目標。但是，小沃森他們卻始終沒有發現一隻潛艇。

漸漸地，人們都意識到，日本人的戰線拉得過長了，加利福尼亞可能是不會來了。他們的巡邏也開始鬆懈了。

可是在這時，小沃森卻和上司尼爾森上校的關係搞得很緊張。他們之間的矛盾始於安尼斯頓。那時小沃森是分隊的安全員。尼爾森總認為小沃森對事情太過於認真了。

小沃森提醒說：「飛機場跑道太短，不利於飛機的起動，跑道的盡頭又是一座小山，地形較危險。」

尼爾森對此卻並不介意。不管小沃森怎麼提出建議，他都認為是大驚小怪。他把小沃森看成慣壞了的紈絝子弟，對他成見很深。

而小沃森卻認為尼爾森態度蠻橫，方法簡單。

到達加利福尼亞幾星期之後，前線開始從分隊裡抽人去新幾內亞補充飛行員。尼爾森在一天上午把大家集合起來，點了三個人的名字，然後說：「這是對你們剩下人的一次教訓，誰要再調皮搗蛋，下一個就輪到你了。」

看來，上邊只把偵察分隊當成一個替補單位，把人員一個一個地抽走。尼爾森對此聽之任之，絲毫不為部下們著想。

小沃森決定在尼爾森把他開走之前趕快想辦法調走。從那以後，每當遇到麻煩的事，小沃森都盡量推託，即使看到有些錯誤的事情，他也睜一隻眼閉一隻眼。同時，小沃森打電話給所有他認識的指揮官，要求去開轟炸機，但他們卻並不為之所動。

在這期間，又有三個人給調走了。每次尼爾森把分隊集合起來時，小沃森都在想：「這次該輪到我了吧！」

經過一番努力之後，小沃森徹底絕望了。他打電話給父親，告訴了他事情的經過，並且說：「我想調動並不是我在逃避危險，我只是不想和尼爾森共事。請你幫助我去開轟炸機，並且有一個轟炸機大隊剛剛組建，我要是去了的話可以很快和戰友們熟悉起來，以利作戰。」

老托馬斯靜靜地聽完兒子的訴說，沉默了好大一會，然後才說：「我不願意這樣做。我擔心我可能把你送到一個比你現在還要危險的地方去。但是，我告訴你，我會讓尼克爾先生去見馬歇爾將軍的。」

喬治・馬歇爾當時是總參謀長。尼克爾是國際商業機器公司的第二號人物，最得老托馬斯信任。

小沃森並不相信父親真的會讓尼克爾去找馬歇爾將軍，因為像馬歇爾這樣的大將軍，怎麼會管小沃森這樣的小軍官的事呢？

但是，一個星期之後，小沃森就被叫到副官的帳篷裡去。副官遞給小沃森一份電傳：「沃森中尉，這上邊說讓你去堪薩斯州利文沃斯城的指揮參謀學校報導。」

這真是太出乎意料了，小沃森一時不知道該說什麼才好，他大聲叫道：「哎呀，我不知道我喜不喜歡這個地方……」

這時，身邊正好站著一位外單位的上校，他說：「嗨，讓我得到這份電傳多好。要是叫我去的話，我一定去。你可真走運！」

小沃森了解了一下才知道，利文沃斯學校是全美國最令人羨慕的一所高級軍事院校，所有的高級軍官全出自那裡。有時，將軍們直接從畢業生班裡挑選助手。

兩天之後，小沃森和奧麗芙開著車前往堪薩斯州。車上載著他們的狗和幾隻大箱子，這就是他們的全部家當。

他們結婚兩個月了，奧麗芙已經懷孕了。他們感覺，這趟旅程就像出去度蜜月一樣，正好彌補了他們結婚時的不足。

到達利文沃斯後，他們住進了市內一家寬敞的老房子。房間是由三合板間隔起來的，房子雖然簡陋，卻十分溫馨。

在全班一百名學員中，只有小沃森一個人是中尉，其他人大都是少校、上尉或中校。馬歇爾和艾森豪威爾一類的人物經常前來給他們講課。小沃森從心裡感謝父親的幫助。

小沃森的同學們大多數是些富有經驗的職業軍官，學習的內容大多是如怎樣在防守一座山口時配置機槍陣地。飛行方面的內容一點也沒有。但是，上級還是把一批批空軍軍官送來受訓，因為除此之外再無別的高等軍官學校。

這裡的學習比國際商業機器公司銷售學校還要嚴格，學習期間，每個人都要寫十三篇論文，評分有三個等級：良好、及格、不及格。如果有三篇論文不及格，就要被開除出去。

小沃森的開局很成功，他的第一篇論文得了良好。但是第二篇就不及格。他害怕了，對奧麗芙說：「事情有點嚴重，兩篇以上不及格我就要走人了。這會兒我可要真用功了。」於是，他趕緊從公寓搬到了學校的宿舍，拚命地苦讀起來。

期間，小沃森親眼看到有一位年長的砲兵軍官和一位騎兵軍官因考試不及格而被開除。他們一邊整理東西一邊哭泣，這更讓小沃森出了一身的冷汗。但是儘管他沒日沒夜地學習，但不久他又得了一次不及格。

小沃森想到父親對他的期望和為他所做的一切，再想想那兩位同學離開時黯然的淚眼，更加勤奮地學習起來。功夫不負有心人，小沃森終於保住了成績，在最後關頭沒有被學校淘汰。

奧麗芙自從與小沃森結婚後就一直陪在他身邊，她不時地提醒和幫助小沃森糾正身上的壞毛病。

有一次，小沃森的大學同學尼克來利文沃斯看他，正好小沃森剛剛完成了一篇論文，於是兩個人就商量著出去放鬆一下。

他們去參加了一個燭光舞會。尼克早在大學期間就與小沃森在一塊兒搞惡作劇，這時兩個人在高興之餘，就想重溫一下往日的伎倆。

尼克伏在小沃森耳邊悄悄地說：「你看，咱們坐的椅子都是鐵的，咱倆悄悄地從桌子下面爬過去，把蠟燭放到那兩個傢伙的屁股下面！怎麼樣？」

小沃森一聽心中叫絕，於是一拍即合，兩個人就這樣做了。

這兩個傢伙做完手腳後，剛剛回到自己的座位，就聽到有人大叫著從椅子上跳了起來。

正在小沃森快要忍不住肚子裡的笑想發出聲來時，突然感到有人在他的肩膀上拍了一下。他回頭一看，原來是基地副司令的副官，他帶著挖苦的表情對小沃森說：「老弟，我要是告訴你，你一定很高興，副司令也被你們的表演逗樂了。」

奧麗芙當場目睹了這一切。回家後，她鄭重其事地和小沃森進行了一次長談。她說：「你別拿這些事情當兒戲，你的父親會來出席你的畢業典禮，到那時你並不想讓自己成為班裡的馬戲小丑，讓父親因你丟臉吧！」

奧麗芙的這些話把小沃森完全打動了，他心中為此萬分地感激她。從那晚以後，奧麗芙經常提醒小沃森，讓他堂堂正正做人。

透過利文沃斯的學習，小沃森成為了一名名副其實的軍人，一名合格的指揮官。

老托馬斯確實參加了兒子的畢業典禮。儘管他表現得很含蓄，但還是可以看出他對兒子取得的成績感到很自豪。

開闢飛往蘇聯的航線

一九四二年，小沃森從利文沃斯軍校畢業，他終於找到了一個可以有所作為的工作，被分配到空軍第一師，而且這是他最喜歡和擅長的飛行。小沃森這時在國際商業機器公司的工作經歷派上了用場，他非常賣勁，從緬因州的普雷斯克艾爾飛到費城的空軍基地，大力宣傳「連環」訓練器的好處。他要求基地指揮官提供使用訓練器的數據，並把這些數據與其他基地的記錄相比較，讓高級軍官寫信推薦使用訓練器。

小沃森在各個基地之間飛來飛去，確實累壞了，但訓練器的使用增加了六倍，他覺得自己的工作非常有意義，並為能夠拯救一些飛行員的生命而自豪。

小沃森的成功引起了空軍第一師師長福利特．布拉德利上將的注意。

一九四二年六月，福利特把小沃森叫來，問他：「你是否願意當我的侍從副官。」

這太突然了，使得小沃森大吃一驚。如果拒絕，將有可能毀掉他在空軍的前程，但如果接受，那就意味著將從事為福利特個人服務的工作。小沃森思前想後，還是接受了。

很快，小沃森就喜歡上了福利特將軍。他是空軍的先驅者之一，他是第一個把無線電訊號從飛機傳送到地面的人。他在第一次世界大戰後不久加入空軍，並且成為空軍的領袖。

小沃森對福利特充滿了敬佩，他全身心地投入到了工作之中。福利特先帶著小沃森在將軍的兩引擎 B-23 飛機上作了幾次飛行，考驗小沃森是否夠格，並立即任命他當了駕駛師。此後，福利特常常走到飛機的座艙內，與其他軍官交談，而小沃森則坐在控制室獨自駕駛。

福利特在新英格蘭試圖使轟炸機更快抵達大洋彼岸。在運輸路上，出現了擁擠，飛機常在機場耽誤。他們到達第一個機場，福利特和其他人巡視了基地，小沃森則留在飛機旁等候。

後來，小沃森向福利特建議，每一次巡視時，自己還要為他寫一份詳細的總結。他說：「將軍，如果讓我待在飛機裡，我覺得是一種浪費。」

福利特答應了。小沃森在隨後的報告中，討論了他們見到的軍官、急需的供應，以及自己對運輸行動的建議，並指出造成轟炸機延誤的部分原因是心理上的問題。一個轟炸機組在美國機場停留時間越長，他們就越想賴著不走。如果他們從新英格蘭直飛紐芬蘭的甘德或拉布拉多的古斯貝，他們就可以在一週內完成整個飛行。但如果沒有持續的壓力，延誤就會越來越多。

福利特非常賞識小沃森的能力，他常在小沃森的報告上批覆：「非常感謝」或「很好」、「棒極了」。同時他向小沃森表明：「你條理清晰，具有異乎尋常的能力，能夠專心思考重要的問題，並把它灌輸給別人。是一個優秀的軍官。」

幾個星期後，福利特就把小沃森帶到華盛頓。小沃森問：「將軍，我們這次要幹什麼？」

福利特高興地看著小沃森說：「我要讓你晉升為上尉。」

小沃森簡直不敢相信：「您說什麼？！」

福利特肯定地說：「是這樣，因為你出色的工作和能力應該得到這個職位。這對你應該很重要。」

在辦完書面手續後。福利特把小沃森領到老軍需庫大樓的一個房間，換了上尉肩章，然後親手為他別上。

小沃森感激地向福利特敬了一個標準的軍禮。此刻，他心裡說：「在我心中，像兒子一樣對待我的有兩個人，一個是我父親，另一個就是父親一般的福利特將軍！」

兩個人的心靈是相通的，福利特看著小沃森，深情地說：「你讓我想起了我的兒子，他在戰前駕駛 B-17 飛機表演時遇難了。」

小沃森看著福利特這一刻的慈祥，心裡百感交集。

一九四二年，戰爭愈演愈烈，德軍對蘇聯加緊了攻勢，包圍了彼得格勒，並大軍進逼伏爾加格勒和巴庫油田。

蘇聯向美國發出求援，急需從美國得到武器和供應。

夏天剛到，福利特接到最高司令部命令，把飛機運給蘇聯。

這是一個危險而又艱巨的任務，其中最頭疼的問題之一是如何運送 P-40 戰鬥機及 A-20 輕型轟炸機。因為這些飛機航程較短，把大批飛機迅速、安全地運到目的地，只能繞開軸心國控制區，讓它們先飛到阿拉斯加，然後分幾段飛行五千英里穿越西伯利亞。

這一行動具有重大的策略意義。福利特用探詢的目光注視著小沃森：「你能否與我一起去，建立這條困難的運輸線？」

小沃森其實完全可以以奧麗芙已經懷孕來推託，而且戰爭的殘酷也不可避免地讓他心生恐懼。但他經過在軍校培訓和在空軍這段磨煉，已經成為了極富責任心、勇敢精明的軍官了，他立即回答說：「沒有別的事情比它更令我興奮的了。」

他們徵用了一架嶄新的B-24轟炸機，福利特讓經驗豐富的駕駛員李・菲格爾做機長。儘管小沃森組織了這次飛行，但出於他對四引擎飛機方面的經驗不足，福利特還是讓他擔任副駕駛員。

B-24的確讓小沃森感到了巨大的挑戰。這是當時世界上最大的一種飛機，它總重二十八噸，另加油箱可飛行兩千六百英里。李花了很多時間教小沃森如何操作，他們成了最好的朋友。

離開前兩天，小沃森全家都來看望他。福利特讓小沃森把母親帶到轟炸機上，她過去從未坐過飛機，但她似乎很喜歡，老托馬斯則站在地面，心神不安。飛行幾天後，他們飛進蘇聯領空，準備在黑海的巴庫著陸加油時，小沃森爬到飛行艙底下的飛機腹部檢查前輪。但就在他檢查到一半時，李就把著陸桿放到「放下」的位置。這時小沃森正在檢查，巨大的前輪開始沉沉地壓下來。小沃森急忙跳向領航艙，但他的一條腿被卡住了。

小沃森向領航員大喊：「把耳機給我。」並對自己說：「千萬不要驚慌失措。」

小沃森在耳機中對李說：「我的腿被著陸裝置門卡住了，如果你現在著陸，前輪的運動將使門砍掉我的腿。」

小沃森就躺在打開的門上，往下一千公尺就是巴庫的油田。無線電發報員走下來看了他一眼，就昏倒了，被人抬回到安全的炸彈艙。福利特也下來了。他看了很長時間，然後指揮大家放鬆了著陸裝置門後部的鉸鏈，五分鐘後，小沃森的大腿被拖了出來。

八月，他們終於到達了莫斯科，莫斯科仍處於被包圍的狀態。他們搬入可以俯瞰紅場的國家旅館，從房間就能看到克里姆林宮。

小沃森他們開闢的阿拉斯加—西伯利亞運輸線取得了巨大的成功。到戰爭快結束時，美國近八千架飛機沿著這條航線飛到了蘇聯。

在美國的軍事支持下，蘇聯紅軍更加頑強抵抗，再加上嚴寒的冬季，使德軍從此再沒有向前進一步。

五角大樓的技術督察

一九四二年聖誕節前，小沃森趕回了紐約，正好趕上了他第一個兒子降生。兩個月後的一天下午，小沃森正在華盛頓附近駕駛一架 DC-3 飛機做練習飛行，這時無線電呼叫：「沃森機長，立即著陸。」

在機場，有一位身穿外衣、頭戴圓頂禮帽的國際商業機器公司的工作人員正在等小沃森。他一見面就說：「湯姆，事情不好了。你的孩子病得很重，你父親叫你，你必須到紐約去。」

小沃森跑步回到 DC-3 飛機上，一個小時後他在拉瓜迪亞機場降落，奧麗芙正坐在牆邊，老托馬斯站在她的身邊。小沃森這才知道，孩子已經死了。當時護士推著小車帶他上公園，他是在睡眠中死去的。奧麗芙悲痛欲絕。

小沃森把孩子葬在威斯特切斯特縣長眠洞墓地，小沃森在那裡買了一塊地，一直是空的。在冬日的正午，小夫妻倆和父親看著那個小棺材放到地下。

小沃森把奧麗芙帶到佛羅里達州傑克森維爾附近的一個軍人療養地。夜間列車上，他們坐在一起，深感悲痛。

此後，福利特進入美國國防部的軍事中心五角大樓，擔任空軍督察職務，主要負責解決空軍中出現的特殊情況。

有一天，福利特把小沃森找來，他用炯炯有神的日光凝視著小沃森好一會，這才說：「你還願意繼續在我身邊工作嗎？還是當駕駛師。」

小沃森在與福利特長期工作中建立了深厚的友誼，他當即表示：「我當然願意。」

福利特接著說：「當然，進了五角大樓，你還有另外的職責，我將會提名讓你擔任技術督察。你需要到各個空軍基地巡視，檢查飛機的保養情況。」

小沃森心領神會地說：「我明白，沒問題。」

說完，情同父子的兩人相視而笑。

從此，小沃森不但飛往美國各地執行督察任務，還協助福利特對空軍中存在的一些欺騙和偷竊行為進行調查。後面這項才是真正困難而艱巨的任務，小沃森經常接觸到各種各樣的人物，也遇到一些五花八門的事，但這更鍛鍊了他與形形色色的「人」打交道、鬥心眼的本領。

小沃森也更認識到了「人」的複雜性，其中包括他自己。他認識到自己缺乏耐性，如果不能從多種不同的角度證實一個案件，就會有人在一些技術性問題上大做文章。

有一次，小沃森已經使當事人全部招供，即使如此，案子還是被推翻了，辯護人爭辯說：「沃森督察草率從事，並且威脅當事人。」

一九四四年三月，在小沃森三十歲生日後不久，他的兒子出生了。他和奧麗芙都為又有了孩子而深感幸運。

有一次，小沃森處理一件高級軍官受傷的飛機墜毀事件。案件的受害人是一個叫恩特的空軍將軍，他是一個真正的英雄，曾領導了對羅馬尼亞普洛那什蒂油田的轟炸。

事發時，恩特正準備從科羅拉多州的斯普林斯飛到聖安東尼奧，他的副駕駛師生病了，他要求基地司令換一個人。來的是一個新手，恩特沒有把操作方式向他解釋清楚。

當他們加速準備起飛時，恩特開始自哼自唱，還邊唱邊點頭打拍子。新來的副駕駛師認為他是在命令抬起著陸桿。通常駕駛師會在飛機起飛後，才做一個姿勢並大聲說「抬起桿」。

副駕駛疑惑地看著恩特，當看到將軍第二次點頭時，副駕駛師以為他再次示意，於是就把著陸桿抬了起來。他們的速度太慢無法起飛，飛機的腹部碰到地面，靠恩特一面的一個螺旋槳由於巨大的撞擊從引擎上脫落，插到機身上，也插入了恩特的背部，弄傷了他的脊骨，導致他癱瘓了，再也無法站起了。

小沃森面對這種低級錯誤，就質問副駕駛師：「你明明知道飛機不能起飛，你為什麼還把著陸桿抬起來呢？」

副駕駛委屈地說：「我想是將軍要我那樣做的！我的職責是服從命令。」

由於工作原因，小沃森與福利特將軍的上司哈普・阿諾德有了接觸。

有一次，阿諾德命令小沃森找一架轟炸機為參議員哈瑞·杜魯門提供旅行服務。當時杜魯門負責戰備委員會，他和他的同事正與空軍作對。這個委員會巡視一家轟炸機工廠，發現飛機因為某個部件短缺停在生產線上，杜魯門就在報紙上指責空軍。

阿諾德對此非常不滿，讓小沃森想辦法處理一下這個問題。他告訴小沃森：「杜魯門正在他的老家密蘇里州的獨立鎮訪問。」

於是，小沃森找了一架由一個駕駛員就能安全駕駛的 B-25 雙引擎中型轟炸機飛往密蘇里州。

最後，小沃森在教堂晚宴上找到了杜魯門。小沃森本來認為在外面等一下可能更好，但當空軍的指揮將軍給他下達命令時，他就要奉命執行。於是小沃森穿過正在品嚐雞肉和豌豆的所有人，走到杜魯門面前，拍了一下他的肩膀。他看了一下四周問道：「什麼事，少校？」

小沃森說：「杜魯門先生，我知道現在不是談話的時候，但我帶來了阿諾德將軍的口信和一架飛機。我不知道能否為你效勞？」

杜魯門馬上說：「那很好。我明天要上芝加哥，十點在獨立鎮飛機場等我。」

第二天，杜魯門夫人和女兒瑪格麗特來為他送行，她們非常和藹可親。小沃森帶他們參觀了 B-25 飛機，然後杜魯門向家人道別。小沃森駕機送他到芝加哥。在中途機場降落時，小沃森問杜魯門：「能否占用您十分鐘時間？」

他們走進一家飯館，要了咖啡，坐下來。

杜魯門問小沃森：「請問有何貴幹？」

小沃森說：「先生，空軍的確碰到了困難，無法完美地使生產運轉。但杜魯門委員會總是公開對我們說三道四，並沒幫助。我帶給你的口信是，您能否關注一下其他戰備服務，然後再來找我們？」

杜魯門並沒有生氣，他態度還相當誠懇：「哦，是這樣。不過我得到的消息是，你們的組織是最差勁的。但告訴阿諾德將軍我已得到他的口信。非常感謝！」

小沃森把這一答覆帶回到華盛頓，阿諾德和其他將軍們都非常高興，因為小沃森在短時間內完成了許多工作。

隨著與越來越多不同類型的人熟悉，小沃森感到，要把事情做好，你就必須與幾乎所有人相處。如果你不喜歡與你一起工作的人，你最好不要表現出來。

在五角大樓裡，小沃森學會了要做一個好的領導，就要實現平衡，即要求比大多數人所要求的略高一點，但不能讓人認為自己愛找麻煩。

飛越駝峰支援中國

一九四三年初，福利特將軍建立了空軍督察辦事處不久，便被派到英格蘭執行一項機密任務。他親自參加了對德國的轟炸。但他寫出作戰報告後不久，就犯了心臟病，原因是在缺氧的高空待的時間太長了，嚴重損害了他的心臟。當時他只有五十二歲，但空軍部門還是讓他退休了。

小沃森最敬愛的老上司離開了，這讓他心裡很不是滋味，他經常回憶起兩個人在一起的時光，對這個如父親一般的忘年交充滿了眷戀。

新來的朱尼厄斯・瓊斯將軍與福利特正好相反，是一個非常嚴厲、呆板的人。他考驗過小沃森的技術之後，也很喜歡小沃森，就問能否繼續充當他的駕駛員。

小沃森感覺瓊斯是一個非常古怪的老頭，他行動緩慢，甚至有些笨拙，行事呆板教條，而且沒有一絲幽默感，所以從心裡一點也不喜歡他。

瓊斯在飛機上總是做些出人意料的事情，他總是坐在駕駛員的位置上問：「我現在該幹什麼，沃森？」小沃森不得不一邊隨時盯著他，一邊駕駛，防止他做出危及大家生命的事來。

有一次，在起飛時，飛機還沒有加速到足以起飛的速度，瓊斯就突然想讓飛機升空，小沃森只好使飛機繼續留在地面。有時著陸時他會說：「放下著陸桿，沃森。」

小沃森就會指出：「我們的速度是每小時一百八十英里，將軍！如果飛機以這樣的高速度著陸，大風就會把輪子刮掉。」

小沃森不知道與瓊斯爭吵了多少次，瓊斯開始依賴他，也開始不討厭他了。整整兩年，小沃森就停在少校的軍階上不動。但瓊斯卻仍然不讓小沃森調走。小沃森感到十分壓抑，一直想離開瓊斯去參加戰鬥。

一九四四年，小沃森與瓊斯一起前往視察戰爭期間最著名的空中運輸行動。當時日本已占領了緬甸和大部分中國沿海，美國飛行員必須從印度的阿薩姆山谷起飛，飛越世界之巔喜馬拉雅山，把盟國的供應物資運到中國的昆明。這就是著名的「飛越駝峰」行動，也是可以想像到的最危險的航線。

在喜馬拉雅山超常的高海拔之上，天氣非常惡劣，可怕、反常的暴風把飛機刮得上下顛動，引擎會結冰停止運轉或著火，因此很多飛機墜毀。此外，還得常常面對日本人的戰鬥機。但儘管如此危險，這條航線仍然十分忙碌，飛行員有時在一天內來回兩趟飛越駝峰。

阿薩姆山谷的六個空軍站的跑道是用碎石鋪成的，非常原始。其中只有一條跑道是在戰前鋪設的，其他都是在一九四二年「飛越駝峰」行動開始後才在地面開出來的。修跑道的都是民工，是從茶葉種植園徵募而來的一家人，他們幾乎沒有任何建築工具。婦女們用鐵錘敲打著巨大的岩石，製造跑道用的碎石，她們頭頂籃子把碎石運到鋪設跑道的工地。

為了使飛機能飛行，機械師必須進行維修保養，在如此惡劣的地方實際上是不可能的。他們夜以繼日地幹，他們頂著烈日在高溫下更換引擎，或者冒著風雨進行大修。

小沃森到達阿薩姆時，雨季剛剛開始，但飛行行動照常進行。飛機每天十六小時在烏雲和大雨中起飛、降落。

小沃森從小就喜歡做新奇、冒險性的事，因為雖然不是他正式工作的一部分，但他終於找到機會參加了一次飛越駝峰飛行。與小沃森一起飛行的是一位名叫卡彭特的年輕機長，他的任務是要把四噸油送到昆明。小沃森擔任副駕駛員。

出發前，他們戴上氧氣罩，穿上沉重的靴子，帶上降落傘。另外，除了飛行圖以外，還帶著絲製的地圖和錢袋。

小沃森很不解，問卡彭特：「我們帶這些東西幹嘛？」

卡彭特解釋說：「地圖上面標明了所有位置，一旦發生戰鬥，我們被敵人擊落的話，將如何走出叢林；而錢袋就能向當地人買東西。」他接著說：「也有可能我們用不到這些東西，那就是我們安全返航或者以身殉職。」

聽到後面這句話，小沃森第一次真正感覺到了死亡的威脅。

整個飛行路線需要四小時，其中兩小時是在日本控制線內。黎明前，他們就在黑暗和大雨中起飛了，艱難地越過高高的山脊，根據指令在兩萬一千公尺的高度飛行。天亮後，可以看到下面一塊塊土地。多虧有不少浮雲幫助，他們才躲過了日本人的戰鬥機。

第三次看到中國，小沃森感到十分親切。雖然這一地區是被日本人占領的，昆明機場到處都被日本人炸得千瘡百孔，但小沃森可以看到下面一些孤零零的小山谷，每一寸土地都精耕細作，一座座茅屋整齊地排列開來。

他在昆明的跑道降落，把運來的油交上去。軍方一邊接收物資，一邊忙著修補彈坑。然後，卡彭特帶著小沃森到機場邊上一家非常原始簡陋的飯館。剛一進門，店小二就跑了過來，用不倫不類的英語打著招呼說：「Eggis，eggis。」

小沃森被這種問候弄糊塗了，他問卡彭特：「他在說什麼？」

卡彭特說：「他是說雞蛋。他們只有雞蛋供應。」

小沃森念叨著：「eggis。」自己也不由得笑著說：「好吧，那就吃雞蛋吧！」

小沃森總共吃了八個，他在吃驚之餘猜想，自己可能是擔驚受怕餓壞了。

在飛回印度的途中，卡彭特讓小沃森駕駛。他們抵達阿薩姆時，小沃森做了一次非常出色的著陸，這給了他一種勝利的喜悅：「我已經飛越駝峰了。」

那天晚上，小沃森激動得遲遲無法入睡，他興奮地回味著這次飛行中的一幕幕，甚至想像：「如果我自己指揮其中的一個空軍站，參加各站之間的比賽，看看哪一個站每個月把最多的供應物資運到駝峰的另一邊，那該多好啊！」

幾天後，小沃森再次飛抵昆明，找到了美國空軍第十四師師長陳納德將軍，要求參加戰鬥。陳納德在航空界以建立了著名的飛虎隊而聞名。這是一支由美國空軍飛行員組成的飛行中隊。早在美國參戰前，他們就悄悄進入中國對日作戰。

珍珠港事件後，飛虎隊被吸收進美國空軍，陳納德重又加入現役。這支中隊逐漸擴大成為一支完整的空軍力量，甚至單獨對日本發動了一次空襲。

小沃森見到陳納德時，他正在生病，躺在小屋內，一位護士守在他的床邊。

陳納德非常欣賞小沃森的勇氣，他問：「你真的願意加入飛虎隊？」

小沃森當即回答：「我非常願意，陳納德將軍。」

陳納德欣慰地說：「我們需要像你這樣的人。我將提出請求。」

但大約一週後，瓊斯卻回答小沃森說：「我接到了要你的請求，但我拒絕了，因為你在這裡太重要了。」

小沃森本來可以進一步要求，但正好有機會參加另一次運送傷員的飛行，使他暫時放棄了繼續爭取加入飛虎隊。

這次行動需要沿著一條新航線飛行，穿越一系列山口，進入盟軍正在對日作戰的緬甸，把那裡大批盟軍的傷員和患有痢疾與傷寒的危重病人運送出去。

航線與滇緬公路平行，是一次超低空飛行，與飛越駝峰同樣危險。它的終點是一座叢林機場，剛剛被史迪威將軍領導的中美聯軍占領。

他們在惡劣的氣候中起飛，這種氣候在美國是不能飛行的：地面與雲層之間的高度只有三百公尺，能見度只有一英里。當泰勒和他的副駕駛師帶著小沃森他們飛過第一個山谷時，他們飛得很低，簡直就是在地面飛行了。

泰勒非常了不起，無論在如何惡劣的氣候和極差的可見度下，他總是能夠及時地掌握大家所在的位置。每過幾分鐘他就會告訴大家，前面是一條道路或是一座村莊。

小沃森對他這種本領佩服得五體投地。

但當進入山口最狹窄的地方時，他們碰到了濃霧。飛行高度不到一百公尺，小沃森甚至驚恐地感到末日就要來臨了，於是在泰勒的座位後倒下了，等待著飛機墜毀。

泰勒回頭看了小沃森一眼說：「你怎麼了？能勇敢一點嗎？」

他們在大雨中翻過了最後一道山脊，在這之後雲層升到了約四百公尺，飛機就在雲層下飛行。小沃森看到了一個非常翠綠、茂盛、平坦的山谷，還有一些被打下的DC-3 型飛機的殘骸。最後他們開始盤旋。

小沃森這時問：「你怎麼知道前線在什麼地方？」

泰勒說：「哦，它們經常在變動。但日本人只有短距離武器向我們開火，因此不用擔心。」

最後他們終於著陸了。這裡離前線很近，能聽到槍炮聲。那裡的情形慘不忍睹，熱帶叢林裡充斥著難聞的氣味和飛舞的蒼蠅，加上那些渾身骯髒的傷員和病人，到處都籠罩著死亡的陰影。小沃森盡量忍著不嘔吐出來。那天他們飛了兩趟，運出了二十八個人。

這次飛行對小沃森而言已經夠了，經歷了戰爭的洗禮和死亡的考驗，他已經徹底脫胎換骨，被戰火錘煉成為一名無所畏懼、成熟果敢的軍人。他毫無遺憾地離開了阿薩姆山谷，飛回到地中海。

豐富的經歷是小沃森取之不盡的人生財富。每當想到刀光劍影、艱苦卓絕的戰爭歲月，小沃森就會無限感慨，他慶幸現在的和平生活。至於對未來經營生意之類的事，他認為不過是生存技巧罷了，抱著無所謂的態度。

公司的新掌門人

良好的習慣和興趣的培養是從小開始的，它會影響一個人一生的修養和前途。

——小托馬斯．沃森

戰後決定重返公司

在戰爭大部分時間裡，小沃森把國際商業機器公司擱在一邊不去想它。父親和他每年見幾次面，卻從不討論商業上的事情。

但是小沃森卻並沒有完全避開國際商業機器公司，當時整個軍隊開始靠國際商業機器公司的打孔卡運作，很多事情必須就在戰場上記錄下來。戰爭快結束時，小沃森到從日本人手中收復回來的太平洋珊瑚島，發現那裡有一支機動打孔隊。這些是小沃森的弟弟迪克的發明，戰爭結束時他已是軍需部隊的上校，他在戰鬥區把打孔機放在軍用卡車上使用，國際商業機器公司的打孔卡記錄了轟炸的結果、傷亡人數、戰俘人數、失蹤人數和供應情況。

還有一些國際商業機器公司的機器在許多機密部門得到應用。中途島海戰前，他們的儀器被用於破譯日本人的密碼，在海上搜尋德國人的 U 型潛艇。總之，為軍隊生產機器和國防供應品已足以使國際商業機器公司的工廠把生產能力擴大到頂點。

但國際商業機器公司還被要求生產軍需品，如戰鬥機上的機關槍、陸軍的卡賓槍、轟炸機上的瞄準器、防毒面具和其他三十多種作戰用品。為此，老托馬斯在波啟浦夕建立了一個新廠，並把在恩迪科特的工廠擴大了一倍。

到戰爭中期，國際商業機器公司所屬工廠的三分之二的生產能力完全投入到生產軍需品中。單靠這筆生意就能賺上數千萬美元，但老托馬斯出於道義觀念和對公司形象的考慮，他對靠生產軍用品賺錢很敏感。他不想公司被人指責為發戰爭橫財。

因此他規定，國際商業機器公司生產軍需品的利潤不得超過百分之一，公司在戰爭期間每一年的利潤保持在一九四〇年的水準。同時，老托馬斯還把代表戰爭期間業務擴大的那一部分拿出來，設立了一個基金，幫助在戰鬥中遇難的國際商業機器公司僱員的遺孀和遺孤。

第二次世界大戰也把國際商業機器公司推到了真正大企業的行列。儘管利潤沒有提高，銷售額卻增加了三倍。

至一九四四年，盟軍勝利的跡象越來越明顯，老托馬斯竭盡全力支持參軍服役的國際商業機器公司僱員。他為每一個服役人發相當於平常工資四分之一的錢。每到聖誕節，他總要為大家寄上一盒食品和禮物，平常就寄毛衣或手套。他這樣做，是出於長遠考慮，希望這些熟練僱員回公司來。

小沃森也得到了同樣的待遇，無論他到什麼地方，公司的報紙《商業機器》每週總能送到他手中。這份報紙上登滿了國際商業機器公司如何支持美國參戰的消息。

小沃森總是拒絕父親要他到恩迪科特參加各種慶祝的邀請。他與福利特工作的時間越長，就越想把空軍作為自己畢生的職業。

前線捷報頻傳，勝利已成定局。小沃森完成工作回華盛頓的途中，就開始認真考慮戰後的去向。他仍然沒有考慮加入父親的工作人員的行列，他已經滿足於靠自己完成工作，而且他太熱愛飛行這項事業了。

因此小沃森決定，希望自己擁有並管理一家小型的航空公司。

一九四四年八月，小沃森請假到紐約，告訴父親：「爸爸，我不準備回國際商業機器公司了，我想繼續當飛行員。」

出乎小沃森預料的是，父親對此非常冷靜，他並沒有多說什麼，而是讓弗雷德·

尼克爾幫小沃森在民用航空界找機會。

尼克爾馬上開始行動，他首先寫信給聯合航空公司負責人帕特・帕特森，因為帕特森與老托馬斯很熟。尼克爾告訴他：「沃森先生的兒子想當飛行員，並想最終進入管理層。」

不久小沃森就收到了帕特森的信：「戰爭結束後再來找我。」

父親並不反對，他根本沒有對小沃森施加任何壓力。這反而讓小沃森心裡不安：「我是不是太讓父親失望了？他肯定會為我不願意回國際商業機器公司而傷心。但他卻為什麼不阻攔我呢？是不是我疏忽了什麼東西，可能是父親另有用意？」

一九四五年春，小沃森回到華盛頓。退休後在一家公司擔任副總裁的福利特正在華盛頓出差，於是小沃森請他到自己的公寓，與一家人共進晚餐。

小沃森開車到五角大樓等著福利特，然後帶著他開車回家。在路上，福利特問：

「沃森，戰爭結束後你準備幹什麼？」

小沃森回答說：「將軍，我還是想繼續飛行。我要在聯合航空公司當飛行員。」

小沃森本來想福利特會鼓勵他說：「那是一個好的選擇，你的飛行技術很出色，肯定會做好。」

但福利特卻說：「真的嗎？我總認為你會回去管理國際商業機器公司。」

小沃森頓時目瞪口呆。他悶頭開著車沉默了好一會兒，才問了一個問題。這個問題自他還是十二歲的小男孩時哭著回家那次起就已埋藏在心底里：「將軍，你認為我有能力管理國際商業機器公司嗎？」

福利特肯定地答道：「當然了。」

吃飯時，小沃森一邊擺弄飲料，一邊心裡不斷地想著他們的談話。把福利特送回旅館後，小沃森把車停在路上，自己在車裡呆坐了半小時。

出於對福利特父親一般的尊重，小沃森認真評估他所說的話。他認為將軍說的是心裡真實的看法。

回家之後，小沃森對奧麗芙說：「福利特將軍認為我能管理國際商業機器公司。」

奧麗芙似乎沒有聽到，她長時間一聲不吭。

小沃森只好明確問道：「奧麗芙，你對這件事怎麼看？我希望聽聽你的意見。」

奧麗芙思索了一下，用一個比喻說：「湯姆，你是一個貪玩的男孩子，很難相信你真想幹這件事。但當你把心思集中在某件事情上的時候，我從未看到你失敗。」

這句話真是一語中的，小沃森終於意識到，自己到空軍後確實發生了令人吃驚的變化，已經不再是以前那個只知道調皮搗蛋搞惡作劇的大男孩了，態度大大改善了，能力也大大提高了。而且，有種個性的力量能使別人聽取自己的意見，只要事前考慮清楚，就肯定有能力公開演講和書寫條文。這些也都是在福利特的領導下開發出來的能力。

小沃森心中充滿了前所未有的自信，他馬上作出了決定：去紐約一趟。內心的激情促使他馬上打電話給父親：「我想在某個週日回來見見大家。因為，不瞞您說，如果您要我的話，我可能會回國際商業機器公司工作。」

這是老托馬斯等待了多年希望聽到的話，他雖然極力壓抑著內心的喜悅，但聲音中仍然能聽出充滿了溫暖和幸福：「非常好。我很高興，兒子。」

無論怎麼說，小沃森最終選擇了回歸國際商業機器公司，也許這正是他內心裡最真實的渴望，而飛行只是一種興趣。事業與興趣對一個成熟的男人來講，是必須要分清的。

引領公司進入電子時代

一九四六年，新年過後的第一個工作日，小沃森正式到國際商業機器公司報到。為了表示這一嶄新的人生開端，他特意穿上了國際商業機器公司員工標誌性的深色西服套裝和白色的硬領襯衫，而且還打上了領帶。

回到國際商業機器公司，小沃森的目標當然是奔著最高職務，並希望有一天能取代父親的位置。但是，老托馬斯早在去年九月就將原來的二把手弗雷德・尼克爾換成了一位精明強幹、衝勁十足的新人查利・柯克，擔任執行副總裁。這讓小沃森吃了一驚。

查利・柯克只有四十一歲，他與老托馬斯一樣出身於貧苦家庭，也是憑銷售起家，進入國際商業機器公司後先是做分部經理；戰爭爆發後，父親將他派往恩迪科特，在那裡主持一個成功地迅速發展的工廠。他一步步取得老托馬斯的信任，最終頂替了尼克爾的位置。查利幹起活來廢寢忘食，咄咄逼人可又極受手下人的歡迎。

不僅如此，小沃森還發現，好多原來國際商業機器公司的老員工都不在了，換成了新面孔。

小沃森由父親帶著去查利的辦公室，把他介紹給查利，並說：「你的工作就是做查利的助手。」

小沃森對父親這種安排很不舒服，他本來估計父親會給他安排一個經理或者其他領導職務，不料卻僅僅是做一名「助手」。

小沃森過了好幾天才調整好思緒。他知道這並不像聽上去那樣令人掃興，因為「助手」這個頭銜在國際商業機器公司有著特殊含義，他想起了父親經常說的：「經理應將自己視為僱員的『助手』，而不是他們的老闆。」

到第二個週末，小沃森就弄清楚了，父親與查利的關係非同一般。在那天開會時，老托馬斯招呼查利過去同他一道坐在後排，兩個人頭湊到一起，用手擋著輕聲交談。

自從小沃森進入國際商業機器公司後，查利對他很好，不遺餘力地教他熟悉業務。當小沃森來到查利辦公室報到時，查利熱情地拖過一把椅子來，放在辦公桌前，對小沃森說：「我在工作時沒有時間解釋我所做的一切，但你就坐在這兒，只需看著就會明白了。」

就這樣，一連幾個月，小沃森每天坐在那裡，看著查利工作，出去開會時他也跟著一道前往，一起參加各種活動，一起研究問題，可以說形影不離。

小沃森看到查利所做的一切，慢慢也學會了如何決策。因為查利極擅長迅速決斷，而且多數決定都是正確的。如果有了這樣的經驗和敏銳的直感，就能迅速作出決策。

小沃森在查利身邊觀察著，他發現，查利也知道什麼時候不該倉促行事，尤其是一件事如果處理不當就會危及國際商業機器公司的聲譽或者招致訴訟糾紛的時候。

小沃森感到，他從未見過像查利這樣令人讚嘆不已的工作者，這使小沃森比在公司任何地方都能更好地全面了解公司的各個方面。直至此時，他才感受到了父親的良苦用心。

當時，國際商業機器公司面臨著一個重要的問題。戰爭結束了，不再需要那麼多的軍工廠，而那些戰時入伍、戰後返回國際商業機器公司的員工就有失業的危險。

老托馬斯不打算使國際商業機器公司的規模縮小到戰前水準。那樣就得解僱新僱員，賣掉他的新工廠，對許多最近復員的老兵關上大門，而他總感到對那些老兵有著不容推卸的義務。

更麻煩的是，那些戰爭中租賃給軍隊的機器，戰爭一結束就會退回來，這無疑也將大大影響公司的收入。

國際商業機器公司不得不想方設法使銷售額達到相當於戰前的三倍。這也讓一貫樂觀的老托馬斯憂心忡忡。

早在一九四四年一次會議上，老托馬斯就考慮說：「假設歐洲的戰爭在三個月內結束，我們能拿到哪些現在沒有的訂單？」工程師們舉出正在開發的機器的名稱，但沒有哪件開闢出了新的領域。

老托馬斯說：「我必須尋找新的生意，不然的話，談論讓所有僱員全時工作是沒有用處的。說著容易做起來難，昨天晚上因為考慮我們該怎麼辦，我好長時間睡不著覺。從現在起，所有工程師必須加快進度。」

按這種情況看，除非國際商業機器公司能夠找到大批的新客戶，否則庫房裡將堆滿不再賺錢的舊機器，而工廠也將無事可做。面對可能出現的災難，老托馬斯首先想到要僱用更多的推銷員。而小沃森回到國際商業機器公司時父親向他建議要做的正是這件事。

小沃森決心盡全力幫助父親，使國際商業機器公司在每個州首府都建立一個辦事處，包括查利在內的每一個人都在竭盡全力地盡快擴大銷售網。

出乎所有人的意料，國際商業機器公司不僅沒有在戰後受到衝擊，反而收到了潮水般湧來的訂單，戰後蕭條並未出現。小沃森分析原因：戰爭期間受到抑制的消費品如汽車、住房、家用電器和服裝等的需求量大幅增加，使美國經濟一片繁榮。

這種情況，反過來又推動了相關的服務行業如銀行、保險和零售業，也得到了極大的發展，而他們正是國際商業機器公司最大的顧客源。

突然之間，這些行業記帳和數據統計的需要迅速增加。國際商業機器公司的機器賣得很火，必須加快速度努力才能趕上需求。這時，查利每天要工作十六小時。

三月的一天，小沃森第一次同查利一道出差，他們去拜訪賓夕法尼亞大學的電子數字積分電腦實驗室，人們叫它「埃尼阿克」。

這是一台最早期的電腦，外形龐大、原始，用於解決科學問題。那台機器剛剛投入使用，它的發明者是賓夕法尼亞大學莫爾學院的約翰・莫齊利教授和他的學生普雷斯波・埃克特。他們經過三年的研製，用電子線路取代製表機中採用的那類電機繼電器，從而實現了重大突破。這也使他們名聲遠颺。

老托馬斯在戰爭後期聽說了埃克特和莫齊利的事，當時，海軍要求國際商業機器公司提供打孔設備，來協助「埃尼阿克」輸出輸入數據。當時對它飛速運算的能力有許多宣傳，使查利感到好奇，他想去看看。

另外，埃克特和莫齊利正在談論申請專利。國際商業機器公司的律師擔心，如果電子電腦計劃取得進展，國際商業機器公司可能要支付大筆專利使用費。

實驗室是在莫爾學院的一間大地下室裡。小沃森一走進去，就感覺到了撲面而來的滾滾熱浪。他不由疑惑：「這才三月份，怎麼會如此熱呢？」

於是小沃森問埃克特：「為何會這麼熱？」

彬彬有禮的埃克特解釋說：「因為這間屋裡有一萬八千個真空電子管、七萬個電阻和一萬個電容。實驗室裡沒有空調。」

小沃森看著機器感嘆說：「它可真是個龐然大物啊！」

埃克特也說：「是啊，這傢伙足足有三十噸重，幾乎占滿了整個實驗室。」

小沃森又問：「那機器在幹什麼？」

埃克特說：「計算彈道軌跡。」

他為了解釋清楚，就坐下來，拿出一支鉛筆和一張紙，畫出砲彈在空中運行的曲線。他解釋說：「你看，為了最大限度地利用大砲，必須計算出砲彈在飛行過程中每一瞬間的位置。這要進行大量的計算，而『埃尼阿克』很快就能完成。」

小沃森追問道：「那到底有多快？」

埃克特想了一下說：「實際上比砲彈飛行的時間還要短。它用兩小時解決的問題，一個物理學家需要一百年。」

這真令小沃森驚訝不已，但他說：「但我想，如果作為商品，它恐怕還沒有市場。」

埃克特卻告訴小沃森：「不，電腦是未來的浪潮。我和莫齊利將為『埃尼阿克』申請專利並投入商業。」

小沃森說：「你們的主意很不錯，但是你們的錢很快就會花光。為客戶生產這些東西是很費錢的。」

在從費城回紐約的火車上，小沃森問查利說：「你覺得『埃尼阿克』這東西怎麼樣？」

查利說出了與小沃森一樣的想法，他說：「那東西雖然速度很快，但是太笨重、太昂貴了，而且用了那麼多的電子管、電阻和電容，運行的穩定性和品質就很值得考慮。誰會去冒這個風險呢？我們永遠不會利用這樣的東西。」

幾個星期之後，小沃森和父親在公司總部轉悠。在大樓的一處，小沃森無意中看到門上掛著「專利開發」的牌子。裡面，國際商業機器公司的一名工程師將高速打孔機接到一個一公尺高、帶黑色金屬蓋的盒子上，它看上去像個行李箱。

小沃森問道：「這是幹什麼用的？」

工程師說：「用電子管做乘法。」

那機器在列工資單：工資乘上工作時數，減去社會福利、退休和醫療等項扣除，最後是每個工人的實發數。

小沃森看著機器工作，並問：「它算得快嗎？」

那位工程師說：「幹得極快，計算時間只有打孔機打出一頁所需時間的十分之一。那箱子十分之九的時間在等待打孔機，因為電子部分運行極快，而機械部分極慢。」

這事給了小沃森當頭棒喝，因為乘數器看上去並不複雜。

父子倆離開屋子，小沃森說：「那東西真神，用管子做乘法得出結果。爸爸，我們應該把這東西推上市場！即使只能賣上幾台，但我們也可以宣傳說，我們有世界上第一台商用電子計算機。」

老托馬斯立即指示加緊這種機器的研發。

那年九月，國際商業機器公司在《紐約時報》上做了一整版的廣告，宣布被稱為「國際商業機器公司 603 電子乘法器」的機器誕生。

電子是一個新興領域，電子產品也是人們眼中的時髦貨，而且它比埃尼阿克的體積要小得多，使用起來也更為方便，所以深受廣大用戶的歡迎。

603機迅速風行起來。原本只是希望能租出幾台，使廣告費不白花就不錯了，然而大客戶卻急於涉足電子器具，結果在短短的時間內就售出了上百台。這種成績出乎了國際商業機器公司全體人的意料。

一年後，國際商業機器公司繼續改進，生產出了換代產品國際商業機器公司604型，使機器不僅會乘還會除。而用機械手段做除法，成本高得令人望而卻步。到這時，電子計算機變得真正有用了。604機賣出了幾千台。

從此，小沃森引領國際商業機器公司正式由機械領域轉入電子領域，國際商業機器公司也進入了電子電腦時代。

與查利產生嚴重分歧

在小沃森進入國際商業機器公司後，與查利在一道工作了幾個月後，他給小沃森留下了深刻的印象。

查利就像一台永動機。在這段公司蓬蓬勃勃大發展的日子裡，小沃森看著他組織隊伍，僱用、提升、調動大批的經理。他對工廠生產知之極深，老托馬斯一直把查利作為員工的表率，他要稱讚某位工廠經理的工作，都會說：「這活兒像查利干的。」

查利在推銷員和客戶中間也極有人緣，他還是個有才華的鋼琴演奏者。他給予了小沃森很大的幫助，小沃森也從他那學到了很多東西。小沃森對查利十分感激。

一九四六年四月，小沃森跟著查利一道工作了差不多四個月的時候，查利突然得了闌尾炎，六個星期沒有上班。

這段時間裡，小沃森仍在查利的辦公室裡，根據前段時間掌握的情況，他也學著查利的樣子，處理了許多事。一是因為小沃森是查利的助手，再者因為他是總裁的兒子。

處於那樣的地位，引起了小沃森參與經營的慾望。他開始喜歡決策過程：既肩負重任，又有機會在事後看到決策正確與否。小沃森不僅把工作處理得井井有條，而且還與同事之間建立了良好關係，同事們都感覺與他打交道比同老托馬斯打交道更容易。

老托馬斯大部分時間都在到處奔波，他為兒子的運籌帷幄感到欣慰，並在六月份使小沃森當選為副總裁，當時小沃森只有三十二歲。

老托馬斯的手下立刻把小沃森的照片掛上了一次國際商業機器公司促銷活動的橫幅。這次活動的口號是：「讓我們為新的副總裁打破所有紀錄。」

也就在這個月，查利回來上班了。小沃森像在空軍時對待上級那樣，把所做的決定都以備忘錄的形式寫下，放在查利的桌子上：「在你不在的時候，出於以下原因我們做了下列事項……」

查利大吃一驚。剛開始他還把小沃森當作一個吃老子飯的花花公子，並沒放在眼裡，而這時不得不對他另眼相看，開始擔心他的位子是否坐得穩，並在心裡暗暗地把他當成了競爭對手。

十月，當603機問世並獲成功後，小沃森又被選入董事會，這更使查利如坐針氈。但查利心裡還是有優勢的：「也許他會栽跟頭。或者老頭子死時，我可以直接遊說其他董事而當上一把手。」

小沃森這時還是查利的助手，但現在有了自己的辦公室以及一個祕書。同時，小沃森不喜歡父親任由查利頻繁調換公司的人員和職務。他覺得，國際商業機器公司在頻繁更換人員方面開始顯得太不近情理了。

在經商技術方面，小沃森正在慢慢超過查利，這使他們的關係迅速惡化，也從暗地較勁上升到了矛盾的公開化。一個叫哈里・艾勒斯的地區經理就碰上了這樣的事。他是一個很有成就、很受歡迎的人，在明尼阿波利斯主持中西部推銷區的工作。

一九四六年底的一天，老托馬斯問查利：「將地區總部設在芝加哥是否更合適？」

查利立刻命令艾勒斯行動。

艾勒斯說：「這件事我必須先調查一下再行動。」

查利大怒，就將艾勒斯降職去管一個推銷辦事處，並在芝加哥任命了一個新的地區經理。

小沃森聞訊怒火中燒，因為他知道艾勒斯為人不錯。

後來，艾勒斯因為有病和家庭情況不能接受調動。但是查利不改初衷，於是艾勒斯離開了公司。

一九四七年四月，小沃森再也無法容忍查利了。他告訴父親要退職。於是，老托馬斯和兒子爭論起來，最後小沃森衝出門去。為了緩和他們之間的矛盾，老托馬斯派他們倆到歐洲去出差，國際商會正準備 六月份在瑞士的蒙特勒開會。

查利和小沃森都準備作為美國代表參加會議，一九四七年五月，他們一道起程去了歐洲。會後，他們開始旅遊，越過阿爾卑斯山，經過度假勝地裡維埃拉到了馬賽，然後又沿著盧瓦爾河谷北上巴黎。但是，當他們抵達馬賽的時候，因為小沃森想繞道去看個人，查利竟然和他幾乎動起手來。

小沃森說：「我想這用不了多少時間。」

查利卻說：「不一定吧，去要一個小時，回來又一個小時。你在跑這段路的時候，車本來可以朝另一個方向開出兩個半小時了。兩個半加兩個半是五小時。」

小沃森被查利的胡攪蠻纏氣得說不出話來，奧麗芙拽拽他的衣擺，他才忍著閉上了嘴，回到車裡。

那天晚上他們到了里昂。深夜，正在熟睡的小沃森被一陣重重的敲門聲驚醒。他打開門一看，原來是他的祕書：「快，快，沃森先生，查利先生得了重病。」

小沃森趕緊披上睡袍跟他出去。趕到查利房間時，他因為急性心臟病發作已經昏迷不醒。匆忙趕來的醫生也沒能挽回查利的生命，他不到一個小時就死了。

查利的葬禮在恩迪科特隆重舉行。老托馬斯請來大群的總裁，有多人致悼詞，整個儀式進行了兩個半小時。在這樣一個重大場合，老托馬斯竟然例外地沒有講話。當送葬行列走出教堂時，他情緒極為激動，擠進兩個抬棺人中間，親手扶住棺材的外沿。

積極參加社交活動

自從小沃森進入國際商業機器公司，他感覺每時每刻都會學到東西。父親經常告誡他：「對於一名企業主管，業務之外的活動與真正的業務是同等重要的，它經常會令你獲得意外的收穫。」

國際商業機器公司的成功有很多因素，其中很重要的一方面來自於老托馬斯出色的社交能力。

從很早以前，老托馬斯就與羅斯福總統相交甚密，他經常幫助羅斯福接待客人。另外他在艾森豪威爾當選總統中也出了很大的力，正是他當年推薦艾森豪威爾擔任堪薩斯州立大學校長的。

雖然老托馬斯並不在聯合國擔任任何職務，但是他利用自己強大的社交網和在國際商界的影響，幫助美國促成了很多事情。連國際商業機器公司的職員們也常常要為聯合國大大小小的事務奔忙，從籌劃公共教育計劃，到為來訪的高官顯貴安排百老匯演出的座次。聯合國最早的兩位祕書長賴伊和哈馬舍爾德都曾親臨國際商業機器公司的辦公室拜會過老托馬斯。

他經常參加一些社團的活動，舉行盛大的宴會。其實這都是他利用活動來擴大國際商業機器公司的影響，達到促銷的目的。

經營國際商業機器公司，可能只用去了老托馬斯一半的精力，其餘時間他都用於從事社會活動。當老托馬斯出席各種大型活動的時候，他都熱情地同每一個認識的人打招呼，向每一位國際商業機器公司員工及家屬致意。他有時一晚上甚至要會見四百多人。

老托馬斯還非常注意結交上層人士。他閒下來的時候，經常拿著報紙仔細思索，當發現有什麼人做出了什麼好事時，總會火速發去賀信或賀電。其實這些人有的與他並不是十分熟悉。但這種做法往往會收到特效，給別人留下深刻的印象。

老托馬斯還喜歡把國際商業機器公司出版的雜誌寄給那些在刊物中出現的名人。不過，老托馬斯大多數的社會活動都是出於關心人類利益的真誠願望。他在《思考》雜誌上發表過一系列令人回味的社論，在其中的一篇裡，他把聯合國喻為人類「入學第一天」。

他說：「全世界所有的人都應明確懂得，這是有史以來最最重要的一次國際會議。」

一九四六年，邱吉爾也在佛羅里達找上了正在那裡度假的老托馬斯。隨後，邱吉爾在密蘇里發表了著名的演講。

在國際商業機器公司，每個辦公室裡都掛著老托馬斯的照片。他在世界各地的國際商業機器公司分公司組織慶祝公司的各種活動。

老托馬斯已經七十多歲了，隨著他年事已高，歌曲、頌揚、照片和阿諛奉承愈發出格了。直至一九五〇年代中期，他個人的名氣仍然比公司大得多。

與國際商業機器公司打交道的是其他企業而不是顧客，因此它遠不如「福特」、「都會人壽」等名字那樣家喻戶曉。《星期六晚郵報》一類銷路甚好的雜誌撰寫有關國際商業機器公司的文章，重點總是放在老托馬斯及他使成千上萬人步調一致地前進的成就上。

儘管小沃森並無與父親齊名的妄想，卻也希望有朝一日能在世人面前代表國際商業機器公司說話。因此，隨著在公司地位的日漸上升，他也開始應對大量的應酬，並廣泛結交朋友，以建立起自己的威信。老托馬斯也積極幫助兒子廣結善緣，策劃尋找各種與社會交往的機遇。

有一次，小沃森接到時代公司總裁羅切·拉森的電話，讓他參加一九四八年紐約市聯合基金的籌款活動。這時小沃森對社交活動還是個外行，他的第一個反應是想說：「我又不住在紐約，為什麼要我幹？」但他馬上意識到，這可是一位名人，跟他相處可以學些本事，可以結識參與這項活動的名人要客。

結果不出所料，在此後的幾年中，小沃森又先後被邀請參加了紐約男童子軍委員會和聯合國協會，在美國推動聯合國的事業。

其實，小沃森極不善應酬，對當眾講話、出席宴會、在酒會上閒談這類事很發怵。然而即使自己不喜歡自己出席的會議，每次本子上也總要記一大堆名字，並為每一個認識的人建立了一份個人檔案，包括姓名、配偶姓名、地址、電話甚至性格愛好等。

每當別人介紹小沃森認識了一個生人，他常會於事後寄去一封便函，說很高興能認識他；如果新相識表現出對某一問題有特殊興趣，小沃森就會把與之相關的書寄給對方一本。這樣能讓人記上好幾年，他也漸漸地贏得了很多人的好感。隨著交際面的擴大，小沃森不再感覺那麼勉強，也更加認識到廣結善緣的好處。

有一次，在紐約的一個男童子軍午餐會上，小沃森正好與杜威州長鄰座。他馬上主動伸過手去對杜威說：「你好，我是小托馬斯・約翰・沃森。」

杜威為小沃森的大方友好而讚賞，他咧嘴笑道：「嗳，你用這種開場白可是給人幫大忙。要是上來就說『你好，杜威州長』，我也鬧不清你是誰，還得自己瞎嘀咕。吃飯的時候你注意一下，準會有人過來對我說『嗨，湯姆！瑪麗問你好呢』之類的話，我很可能根本不認識他，也不知這個『瑪麗』是誰，只能坐在這兒犯傻。」

小沃森以為杜威說笑話呢，但果不其然，不一會兒就有一個男人走過來說：「嗨，州長。我敢說你不記得我了。」整頓飯不斷出現這種事。

小沃森由此得出結論：你一定要讓別人知道你是誰。因此，之後在他和不熟悉的人打招呼的時候，總是說出自己的名字。

每當小沃森坐火車進城時，他都覺得火車站的站台是個很有趣的地方，那兒有報紙可買，而且隨著熟人慢慢增多，在那兒總能碰見可以打招呼的人。

另外，小沃森還發現，早晨搭早班車的都是一些正在拚搏奮鬥的尚未變為成功人士的年輕人，而已經功成名就的有身分地位的人總是在稍晚些時候搭乘火車。於是他也隨之調整了乘車時間，並且在列車進站時，他總設法找個單獨的座位，或者正好挨著熟人。這樣，他在火車上又結交了很多生意人，有廣告大亨斯坦利・萊索、中央漢諾威銀行的原董事會主席喬治・戴維森等，並且透過這些人結交了更多的朋友。

小沃森在生意場上最好的關係並不是透過父親建立的，而是透過老弗雷德・尼克爾。尼克爾在退休前，安排小沃森在一個名叫「美國推銷經理協會」的組織裡接替他的位置。這個協會名氣並不大，但在許多行業頗具影響力。

認識到這一點後，小沃森認真按時地出席它的會議。協會的成員包括從各個行業中精選出來的三十家代表性企業的資深長者，其中有一個搞鋼鐵的、一個亨氏公司的、一個搞藥品的和一個漢密爾頓鐘錶公司搞鐘錶的，還有經營房地產的、搞人壽保險的以及搞菸草、油漆的等。

查塔努加可口可樂裝瓶公司的頭兒、聯合航空公司的威廉・帕特森、吸塵器公司的胡佛、錄音電話公司的金・伍德布里奇等都是協會的會員。這些人每年兩次聚到一起，互相講述各自在商場中的經驗。

小沃森在此學到的管理推銷員的經驗，比上一百所商業學校學到的還要多。

美國推銷經理協會當時還是以年紀較大的人為主，但年輕的一代也在逐步介入。小沃森發現了兩個與他同齡的人，第一位是鮑勃·加爾文，他從他父親手裡接管他創辦的摩托羅拉時，那還只是個生產汽車收音機的小廠，後來把它辦成了一個龐大的電子企業。另一位朋友是查爾斯·朗西，那時被譽為經營「貝豪」的神奇小子，後來當了美國參議員。

小沃森對協會的鍾愛表現出他與父親的不同。大家都知道國際商業機器公司的重要地位。每當大家一起談論時，總會有人問：「湯姆，你是怎麼幹的？」小沃森就會藉機侃侃而談，一直說到深夜。

小沃森希望能把國際商業機器公司的產品賣給所有企業，所以對各行各業的經營技巧和每家公司的經營作風都設法了解。回到公司時，腦子裡總是裝滿了點子，但絕不透露這些靈機妙想從何而來。

後來，老托馬斯見兒子在國際商業機器公司已闖蕩多年，覺得已經具備條件可以進入商界諮詢委員會了，於是在一九五一年安排小沃森接替了他的位子，以此向世人顯示對兒子的信任。商界諮詢委員會是新政時期由羅斯福的第一任商業部長丹尼爾・羅珀組織的一個聯邦諮詢機構，目的是爭取商界頭頭們的合作。

透過這些社交活動的歷練，小沃森在社交界大大開闊了眼界，在人們心目中的地位也大為提升。人們開始認識到，老托馬斯終究要讓兒子接自己的班。當然，人們也在小沃森的表現中發現，他與父親確實有很大的不同之處。

出任公司執行副總裁

一九四九年九月，三十五歲的小沃森被任命為國際商業機器公司執行副總裁，成為僅次於父親的公司二把手。

小沃森發現，父親對國際商業機器公司的幾乎所有事情都要過問。直接向他報告的經理多得異乎尋常。這些人各有自己的頭銜，有的高，有的低，然而他們都直接向老托馬斯報告。因此，老托馬斯的門外總是有人等著要見他，有時要等一兩個星期。當然，他先挑選召見重要的人。

小沃森提醒說：「爸爸，人們會把時間浪費在等候你的召見上。」

老托馬斯卻說：「噢，湯姆，讓他們等好了。他們的薪水不錯。」

老托馬斯每天來辦公室的時候，心裡總是想好四五件要做的事。這些事可能是他頭一天夜裡想起來的，可能是在早上刮臉的時候想起來的；也可能是早飯時他同某個人聊天，無意之中使他想起來的什麼。總之，他一到辦公室，就知道要完成什麼事。在一天之中，他會把這四五件事辦完。

當老托馬斯在外出差或忙別的事情時，有時一連幾個星期國際商業機器公司都是自行運轉，由副總裁和部門頭頭做出必要的決定並付諸實施。

小沃森感到，父親從未正兒八經地教他做生意，而是給小沃森越來越多的自由作出自己的決定，同時，對任何需要他批准的事又從不讓小沃森輕易過關，最後他們往往爭執起來。

小沃森明白，父親是想考驗他、磨煉他，使他了解取得巨大成功的那種思維過程。他幾乎批評小沃森做的任何事情，甚至任何細枝末節都不放過。

小沃森擔任了主管銷售的副總裁之後，就像父親當年那樣到處奔波，一連幾個星期檢查各辦事處的工作，拜訪客戶，讚揚和鼓勵基層人員。由於公司擴展極快，無數煩瑣的問題需要解決。

小沃森成功地實行了一項變革，在設有多個分支機構的城市裡派駐擔任「國際商業機器公司先生」的聯絡員。在芝加哥那樣的大城市，國際商業機器公司有一家辦事處專門向銀行銷售，一家向政府機構銷售，一家向小企業銷售，如此等等。

小沃森在工作中喜歡選拔合適的人。在戰後紛繁的大漩渦中，他們提升往往很快。國際商業機器公司總是在挑選新的分部和地區經理、助理經理等。這些職務很多都由剛從戰場歸來的年輕人擔任，國際商業機器公司官員的平均年齡很快降到四十歲以下。

在誰應該提升方面，小沃森從不諱言自己的想法，並且毫不懷疑自己在人事方面有迅速決策以及保證多數決策正確的能力。每當發現那些他認為能對公司的事業作出重大貢獻的人，總要激勵他們上進。

查利的朋友伯肯斯托克，就是老托馬斯破格提升的那個人，在查利死後不久來見小沃森。那時他的處境很糟，由於承擔不起總銷售經理的工作，在查利死以前就已被降職去主管一個市場研究部門。他知道查利和小沃森是對頭，就認為小沃森會對他不利。

實際上，小沃森覺得他有許多有利條件：他甚至比查利還要精明，更適應外界的情況，想問題也比較深。

當時，伯肯斯托克一走進小沃森的辦公室就嚷嚷：「我沒什麼盼頭了，總銷售經理的差事丟了，現在幹著閒差……」

小沃森當即對他說：「你不要自視過高。當初你有個良師益友，如果他活著，你的日子會好過得多。但是他突然不在了。你是不是想讓人覺得你不知如何是好了？如果你能行，那麼不僅是在查利手下，在我、父親或任何人手下都能成功。如果你認為我不公平，那你就走。否則你應該留下來，因為我們這兒有許許多多的機遇。」

伯肯斯托克聽了，瞪大了眼睛看著小沃森說：「你是說我可以留下來，也不會受猜疑？」

小沃森肯定地說：「我絕不會任人唯親，只看工作能力。」

老托馬斯手下人中另一個很快變得對小沃森至關重要的人是阿爾・威廉斯。小沃森一直很欽佩他，因為他同老托馬斯一樣有著同樣坎坷艱難的背景。他的父親是一個煤礦的班組頭頭，在大蕭條時期因為站在礦工一邊遭到解僱和排斥打擊。

就在那時候，老托馬斯以美國薪水最高的經理而出名，一天能掙到一千美元。阿爾當時正在會計學校學習，從報上看到這條消息，心想：「那公司付的薪水可真不少，那兒正是我該去的地方。」

小沃森退伍回到國際商業機器公司時，阿爾已在國際商業機器公司幹了五年，所有的人都認為他很傑出。他的辦公室就在小沃森的對面，中間隔著一個大廳。

阿爾一點也不像來自賓州山區小城的人，倒像是耶魯大學的畢業生。小沃森問他為何如此，他坦誠地說：「我發現我所佩服的人常到『布魯克斯兄弟商行』買衣服，於是我也到那兒去買。我感到在晚宴上我不善言談，於是開始閱讀經典作品。除了長時間地努力工作，我還努力彌補沒上過大學的缺憾。」

阿爾到國際商業機器公司來是因為佩服老托馬斯，但小沃森沒想到阿爾對他也很看重，阿爾同他配合得很好。他極講規範，有條不紊，比較謹慎；而小沃森有創新精神，闖勁十足，毫不拘束。這兩個人正是相互彌補的黃金搭檔。

在剛剛任執行副總裁的日子裡，有了阿爾、拉莫特和其他幾個人，小沃森已經有了自己的團隊。在小沃森擔任執行副總裁之後，老托馬斯一直想考驗一下兒子在管理方面的能力。

自小沃森接任執行副總裁之後，負責的工作比原來的銷售業務大大增加。他要監管國際商業機器公司所有的生產業務，這意味著他必須盡快想個辦法在九千多工人眼裡成為一個舉足輕重的人物。

老托馬斯有意要考驗一下兒子在管理方面的能力。

在小沃森上任六個月後，有一天，父親把他叫到辦公室。老托馬斯先沒有說話，而是交給小沃森一封信說：「你得讓工人們喜歡你，現在機會來了。我建議你去跟他們談談。」

小沃森一看，這是封匿名信，抱怨國際商業機器公司的一家工廠裡工作環境太差。信中寫道：

我們一共五十個人都擠在一間廠房裡工作，這座房子當初設計時本是作倉庫用的。暖氣不好還不說，廁所也只有一個。國際商業機器公司讓工人在這種環境裡工作實在是玷汙了自己的名譽。

老托馬斯說：「你去處理這件事吧。我相信你一定行，也借這件事樹立一下威信。」

小沃森第二天便動身去了那個工廠。到了之後，小沃森發現情況果然與信中描寫的一模一樣。有人認為五月份天氣已經轉暖，可以對鍋爐進行大修了，就把鍋爐拆得七零八落。不曾想一場寒流襲來，工人吃夠了苦頭。

小沃森按自己想像中父親會採取的措施來處理這件事。他先是叫來了經理：「你先去弄一套臨時取暖設備來，馬上安好它！然後，找一些人來，馬上在這間屋子後面挖地基，多蓋幾間廁所。」

經理一看是副總裁親自出馬，不敢怠慢，馬上叫人照辦了。

不到一個半小時，取暖設備就安裝好了，屋子裡立刻暖和起來。工人們都高興地露出了笑容。

兩小時之內，在房後挖出了幾間廁所的地基。

然後小沃森又命令經理：「你去把所有工人召集在一起，我有話要對大家說。」

工人們口口相傳：「副總裁來給我們解決困難了。」於是大家都趕來聽小沃森講話。

小沃森搬來一架梯子，爬了上去，對他們說：「大家好，我是國際商業機器公司執行副總裁小托馬斯·約翰·沃森。有人給公司寫了這封信，向我們反映了大家的困難。很遺憾信上沒有署名。我很想提拔重用這個寫信的人，我真希望他能對我有足夠的信任而在信中署上名字。但他做得很對，我要感謝他。大家都看到了，那些人正用氣錘打地基，給你們添蓋幾間廁所。我們還將徹底解決暖氣問題。」

工人們聽了，都熱烈地鼓起掌來。他們還向其他人傳頌著小沃森如何雷厲風行地解決了他們多年的困難。這件事很快傳遍了公司所有的工廠。

回到紐約後，小沃森向父親匯報了登上梯子發表演說的經過，老托馬斯很高興，他說：「這說明你正在努力學習經營之道。」

在查利·柯克去世後一年之內，小沃森還在人事上進行了調整，打字機部門因而即將首次盈利。

自從老托馬斯一九三三年買下麥蒂克電動打字機公司之後，國際商業機器公司一直努力向美國企業界介紹電動打字機的優點：用它打字又快又整潔，也不需要用很大的力氣，用起來非常輕鬆。但它的價格比一般打字機貴好幾倍，銷售情況一直不很樂觀，直至第二次世界大戰後也還沒有推廣流行，一年打字機銷售額才不過一千一百萬美元，每年都有虧損。

一九四七年初，小沃森忍不住對打字機部門的負責人諾曼．科里斯特說：「我寧願馬上把這個部門賣掉，也不願它總是虧血本。」

小沃森這種尖刻的話當然令諾曼十分惱火，他也毫不示弱地反擊：「我們仍在創業階段！」

小沃森卻說：「我很難相信這一點，我們已經創了十三年業啦！我們擁有很大一個銷售部門，培養了一批推銷員，開發經費充足，如果能成功，早就該成功了。」

諾曼針鋒相對：「我真不知道該說你什麼好。湯姆，你實在不懂打字機這一行。」

兩個人各不相讓，談不下去了，於是小沃森找到父親說：「你不能再用諾曼那個傢伙了，他只會幹賠本的買賣。另找別人吧！」

老托馬斯不動聲色地問：「那麼你有更合適的人嗎？」

小沃森馬上說：「我想啟用威斯尼・米勒，我在戰前就認識他。他比我大幾歲。我十分欽佩他逆流奮進的性格。」

老托馬斯故意說：「可是威斯尼的職位很低，你想把他越級提拔，這可是要冒風險的。」

小沃森堅持說：「我相信他，而且他也不是第一個被越級提拔的人。我認為值得一試。」

老托馬斯點點頭說：「好吧，就按你說的決定吧！」

威斯尼是一個意志堅強的推銷員。他出身顯赫，一九二九年股市暴跌時，他父親傾家蕩產。當年他剛考入普林斯頓大學，被迫輟學。他開始只能找到在布朗克斯區上門推銷吸塵器的工作。國際商業機器公司的一位董事認識他，帶他來見老托馬斯。老托馬斯看中了他的毅力，雇他推銷打字機。

威斯尼在推銷打字機方面確有絕招兒。以往國際商業機器公司推銷電腦打孔裝置的辦法過於偏重市場分析，不適合推銷電動打字機。威斯尼充滿活力，滿腔熱忱，擅長領導。他在交易會上激勵手下員工，並把一台電動打字機單獨放在展台的聚光燈下，自己身著藍嗶嘰套裝登上展台，仔細鑑賞，伸出手指撣撣想像中的灰塵，然後退後一步說道：「這架機器完美無缺，我可不願看到上面哪怕有一粒灰塵。實在是美妙絕倫！」

威斯尼教那些推銷員用這種讚美的語言打動祕書們的心。他還把打字機外殼做成紅色、褐色等各種顏色。他專門做了一架白色的電動打字機，讓老托馬斯獻給教皇十二世皮爾斯。

那些詩一樣的讚美性語言、漂亮的外觀和大人物們的試用，使電動打字機開始受到人們的青睞。一九四九年電動打字機開始流行，此後數年打字機部門的營業額每年遞增百分之三十。

這次由小沃森提議的第一步重大人事調整成績斐然，向人們展示了他慧眼識珠的用人能力。小沃森用自己的實際行動向人們表明，他完全有能力接替父親掌管國際商業機器公司。

開發研製國防電腦

一九四〇年代末，各國報紙不斷報導處於實驗階段的電腦，有關計算和電子技術的科學會議擠滿了參加者。

國際商業機器公司沒有製造這種機器的計劃，但是，卻不斷聽說美國、英國的大學和雷聲公司及美國無線電公司等大名鼎鼎的公司的研究計劃。這些機器都很笨重，而且十分昂貴；它們都不是為了商業銷售而設計的。但是，還是有人不斷推測這些「巨大的電腦」對人類將意味著什麼。

早在中國的算盤發明以前，就有各種計算設備。現在，少數巨型計算機也已經存在，它們已能進行多種運算。但是，這些機器實質上是像用手指計算那樣工作的。它們的內部構造是電子和機械的混合，與普通打孔機沒什麼分別。

「埃尼阿克」的橫空出世引起了巨大的轟動，因為它是根本不同的。除了電子以接近光速的速度不斷穿梭於真空管內以外，它沒有任何移動的零件。

在電子電腦問世以前，沒有任何機器能夠運算得這樣快。國際商業機器公司的打孔機中最快的中繼裝置也不過每秒執行四次加法運算，而「埃尼阿克」最原始的電路每秒可執行五千次運算。

運算速度的提高有希望改變每個處理數字的人的生活。參觀「埃尼阿克」首次展覽的一位《時代》週刊記者寫道，它的「靈巧的電子」開啟了一個全新的境界。但到那時為止，科學和工程學的有些原理廣為人知，但是沒有人應用，因為利用它們必須經過的運算太複雜。因此，當「埃尼阿克」出現的時候，人們設想用電腦幫助打破聲障，預測天氣，揭開遺傳學上的奧祕和設計比原子彈更厲害的武器。

老托馬斯剛開始也認為它不會對國際商業機器公司的生意產生任何影響，他認為打孔機和大型電腦屬於完全不同的領域。雖然一場電腦革命可能會席捲整個科學界，但是在會計室裡，打孔機仍將占據主導地位。

一九四七年春，老托馬斯把曾經為哈佛大學研製「馬克一號」的工程師們召集起來，說他想要一種新的「最好、最快、最大的超級計算機」，比「馬克一號」要好。但是卻要求他們在八個月內完成。

工程師們竭盡全力，把其他計劃都暫時擱在一邊，不分晝夜地刻苦攻關，花了將近一百萬美元，成功地研製出一種叫做「程式選擇式電子電腦」的機器，內部有電子零件，也有機械零件。它是一個奇異的龐然大物，每小時所能完成的工作量相當於用筆和紙工作十年。

為了確保「程式選擇式電腦」如同「埃尼阿克」一樣引起公眾極大的注意，老托馬斯將它安置在國際商業機器公司在紐約曼哈頓區的總部一樓的展覽室裡。

當時，路人都可看到它的全貌。第五十七大街上的行人能夠隔著窗戶觀看它工作。這真是都市中的奇觀——三面大牆都布滿了鍵盤與面板，上面插滿開關、指針和在進行運算時不停地閃亮的指示燈。每天都有幾百人駐足圍觀。數年中，只要人們聽到「電腦」一詞，腦海中就會浮現這一景觀。

老托馬斯將這台機器供給「全世界科學界使用」，並且不以營利為目的。任何有「純科學」問題要解決的人都可以免費使用它；任何其他用戶每小時收費三百美元，只要維持其開銷就行。

老托馬斯以為這種電腦是最好的了。它標誌著國際商業機器公司的一個時代的結束。但是，「程式選擇式電子電腦」是在完全與世隔絕的情況下製造的。它的設計是保密的，因此，儘管它獲得了成功，但它並沒有改變國際商業機器公司在技術界的形象。新一代的電子技術工程師仍然認為國際商業機器公司是一個頑固守舊的公司，與打孔卡片和過去的時光融為一體。

「埃尼阿克」的發明人埃克特和莫齊利辭去在賓夕法尼亞大學的工作，同國際商業機器公司展開了競爭。

起初，老托馬斯對此並沒有太在意，但是，沒過多久就證明，埃克特和莫齊利不僅是傑出的工程師，而且是出色的推銷員。他們給自己的新機器取名為「環宇自動電腦」，簡稱 UNIVAC，並聲稱它在實驗室和會計室裡都會有用。

雖然第一台 UNIVAC 要過幾年才能製成，但是埃克特和莫齊利只用一紙書面介紹，就獲得了國際商業機器公司的最大主顧當中的幾家的財政支持。這讓老托馬斯非常惱火。

一九四八年勞動節前的星期三，小沃森收到了一封來自華盛頓的信，那是他的朋友拉莫特寄來的。信中說：

不久前，我派人參加了全國各地的工程學會議，發現現在全國大約有十九項重大的電腦計劃正在如火如荼地進行，他們大多採用磁帶儲存訊息。

國際商業機器公司處在電腦發展的前沿，你們為什麼不參加這樣的活動，從中了解到一些新的情況呢？我個人認為磁帶代替打孔卡是歷史的必然，或許你們也有這方面的考慮……

小沃森最近已經接到很多用戶這方面的反饋了。那天，都市人壽保險公司的副總裁吉姆・馬登邀請小沃森到他在市內的辦公室去。

他說：「湯姆，請原諒我說話太直，你們快要失去跟我們的生意了。我們光是儲存這些穿孔卡就用光了這棟樓的整整三層，而且情況越來越糟。我們實在吃不消。我最近聽說有種可以節省很多空間的磁帶儲存系統。」

還有一次，《時代》雜誌的總裁羅伊・拉森也提出：「你們的打孔機的工作效率太慢了，根本跟不上業務量的增加。我們有一整棟大樓堆滿了你們的設備，都成災了。如果繼續這樣下去，恐怕我們不得不尋找其他合作夥伴了。」

小沃森知道，如果直接跟父親說打孔機落伍了，那父親一定會暴跳如雷。因此他先挑選出公司最出色的十八位系統專家，組成了一個特別工作組，來研究磁帶應用的可行性。

經過三個月的研究之後，小組卻得出了一個讓小沃森氣得腦仁疼的結論：打孔機仍然是目前最好的會計使用機器，國際商業機器公司不應生產磁帶機。

小沃森又請來了公司的高級推銷員，向他們介紹磁帶機的好處，但是他們也堅持認為打孔卡要更實用。

小沃森不想再跟他們費口舌了，決定先去探探父親的口風。

小沃森剛走進父親的辦公室，正發現他正在訓斥國際商業機器公司的資深工程師之一弗蘭克・漢密爾頓：「我知道研製出『埃尼阿克』的這兩個傢伙獲得了保險公司的支持，為它們研製東西。我們為什麼不製造一種符合它們規格的機器呢？」

漢密爾頓說：「我們正打算這樣做。我和其他工程師一直在日以繼夜地努力研製超級電腦。」

老托馬斯聽了更加憤怒：「我們不能只待在這裡想，也不能只待在這裡打算。敵人都已經兵臨城下了，我們還在這裡悠哉悠哉，這不是我們搞事業的方法。告訴我，有什麼方法可以在最短時間裡製成符合他們規格的機器？」

漢密爾頓說：「最好先詳細研究一下他們的規格，看看他們想要些什麼。」

老托馬斯高聲說：「我們早就知道他們的規格了，我們已經白白浪費了三個月。如果我們製造不了，就退出吧！如果我們有這個能力，那就馬上進行，而且價格一定要比對手低，否則我們都不配做這個生意。這兩個傢伙獲得了那些保險公司的支持，這是對我們公司的一種譴責。」

漢密爾頓只好拍拍胸脯保證說：「沒問題，我們一定能搞成！」

小沃森藉機對父親說：「『埃尼阿克』對我們構成了威脅，穿孔卡對現代電子設備是不適用的，他們將把數據儲存在新的媒介磁帶上面。雖然這個方法基本上還沒有獲得證明，但是幾乎所有新的電腦設計方案中都需要它。磁帶同穿孔卡相比有兩大優點：第一，它的處理速度很快；第二，它很緊湊，密度高，像菜盤大小的一卷磁帶就可以儲存一家保險公司在一個地區的所有保險契約資料，而使用穿孔卡一般要用一萬多張，堆積起來足有好幾碼厚。爸爸，您不認為我們應該嘗試一下磁帶嗎？」

但老托馬斯當時正在氣頭上，根本聽不進去這些：「那東西我怎麼看都不可靠，還是打孔卡要可靠得多，什麼時候拿出來都能明確地讀出數據，磁帶行嗎？或許你白幹半天，到時上面什麼東西都沒有呢！」

小沃森急切地說：「但是我們的產品已經落伍了，許多客戶都反映過這個問題。我們需要更新換代！」

老托馬斯固執地說：「是啊，所以我正在催促他們研究計算得更快的機器和能容納更多訊息的打孔卡！」

小沃森譏諷地說：「是你手下的那些發明家們認為的？」

老托馬斯針鋒相對：「但是他們發明出了最好的機器！」

小沃森想了想，緩了緩口氣說：「爸爸，難道您還沒有意識到嗎？機械的時代已經過去了，我們面臨的是電子時代的挑戰！你要看看外面世界的變化，它已經發生了巨大的改變。我們必須引進新型的工程學畢業生，才能實現技術的更新。」

老托馬斯馬上叫來了負責工程設計的副總裁，對他說：「我兒子剛才對我說，我們沒有一個像樣的研究組織，是這樣嗎？」

那位副總裁看了一眼他們父子倆，然後謹慎地說：「我們有世界上最出色的研究組織。」

小沃森當場氣得說不出話來，他轉身就走，臨到門邊丟下一句：「我看那只是一群光會擰螺絲的傢伙！」

小沃森開始認識到：「每當你需要採取行動的時候，千萬別徵求大多數人的意見，即使他們是精英也一樣。你必須去感覺世界上正在發生什麼事情，然後自己採取行動。」

小沃森本能地意識到，國際商業機器公司必須開始做電腦和磁帶生意。這時，他得到了公司總部裡的一個人的響應，他就是伯肯斯托克。在查利死後，小沃森成功地挽留住了他。

當時，伯肯斯托克正在「未來需求」部門中，他的任務是不斷了解顧客的要求，從而幫助對產品種類進行微調。

伯肯斯托克並不是工程師，但是他對技術問題有一種天生的理解力，並能說明問題是什麼。

伯肯斯托克對小沃森說：「打孔卡注定要被淘汰，我們如不醒悟，也注定要滅亡。

客戶們要求加快運算速度，而我們所生產的機器的速度已達極限。當我們提高打孔機打孔速度時，它們的使用壽命縮短；當我們將我們的高速分類機的速度從每分鐘處理六百張卡片提高到八百張的時候，卡片本身開始變成碎片。要注意電子技術領域中的各種活動，否則就真的會被淘汰。」

小沃森不久就認識到，要想保護國際商業機器公司的前途，就必須僱用大批電子技術工程師。國際商業機器公司需要了解正在發生的事情，電子技術領域的發展一日千里，只有一小批電子工程師是不夠的。

但是，國際商業機器公司當時所僅有的電子技術專家們遠非公司的主流。他們的實驗室在波鎮哈德森河畔的一棟鄉間老宅中，並且不得不同附近的公司打字機廠的工程師們合用。

就在這時，小沃森意外地獲得了公司財政部長阿爾·威廉斯的支持，他正在進行一項研究：對國際商業機器公司和美國無線電公司、奇異公司等成功的公司在研究與開發方面的開支作了比較。比較的結果表明國際商業機器公司落後了。其他的公司把百分之三的收入用於研究和開發，而國際商業機器公司只花二點二五萬美元。

威廉斯拿著這些數字去找老托馬斯：「沃森先生，我不知道你是否意識到，我們在研究方面落後了。」

老托馬斯當場沒有表態。但是第二天，他召集了一次經理會議，他說：「先生們，我一直在考慮我們的研究工作；我們在這方面做得不夠。我要你們加強這方面的工作。我希望你們照我說的做。」

老托馬斯這時才終於認識到要大力發展電子業務。

有了父親的旨意，小沃森馬上開始物色人選，他最終確定了恩迪科特實驗室的負責人沃利・麥克道爾。他是麻省理工學院的畢業生，是那時僅有的幾位這種人才之一。

一九五〇年五月，小沃森和父親到公司的鄉間俱樂部觀看體育比賽。他發現麥克道爾在網球場邊上，便對父親說：「爸爸，我們必須採取行動，擴展我們的研究計劃。我認為我們應當從沃利做起。我們的人當中非他莫屬。他獲得過麻省理工學院的學位，這很重要。我認為我們擔任研發工作的那個人沒有這種能力，也認識不到有這種必要。」

老托馬斯當場說：「這是個好主意。你過去和他談談吧！」

小沃森走到麥克道爾面前，問他是否願意調到紐約，大量聘用工程師。

麥克道爾說：「你說的大量是什麼意思？是幾十位嗎？我待在這兒就能做到。」

小沃森說：「不是，我指的是至少幾百人，也許幾千人。」

麥克道爾吃了一驚，但隨後他就同意了，於是小沃森任命他為工程部主任。

麥克道爾走馬上任，就進行了轟轟烈烈的應徵工作。小沃森放權給麥克道爾，要他聘用任何有足夠能力幹好工作的人，而不在乎他們來自何處。因此，他網羅的電子領域的人才形形色色——美國人、歐洲人、埃及人、印度人，不一而足。

然後，麥克道爾對這些人進行篩選。在他的努力下，在六年時間裡，國際商業機器公司的工程師和技師就從五百人增加到四千多人。

有了這樣一大批優秀的工程人員，小沃森信心十足地開始向電子電腦領域進軍了。

國際商業機器公司終於開始生產電子電腦了。當時老托馬斯正在歐洲忙著創建國際商業機器公司的國際貿易公司。他打電報給杜魯門總統，說公司的人力物力任憑政府使用，並要他們同小沃森聯繫。

小沃森派伯肯斯托克到華盛頓去調查了解，看國際商業機器公司能做些什麼。小沃森認為，如果能夠按照政府合約製造幾台一個類型當中唯一的一台電腦的話，國際商業機器公司就將初露鋒芒。

一九五〇年秋，伯肯斯托克走訪了五角大樓的各個辦公室，參觀了政府的實驗室，同國防工業承包商接洽，詢問他們在計算方面的需要。

他們考察了許多同國防有關的領域——原子能、導彈、密碼破譯、天氣預報、軍事演習等。他們發現，工程師和科學家們迫切需要高效能的電腦。

那時全國總共才有六台電子電腦，除埃克特和莫齊利外，大多數設計者所考慮的仍然是一個類型的機器只製造一台。伯肯斯托克同時指出，倘若接受政府資助，國際商業機器公司必須向政府提供大量有關資料，這樣就會造成專利地位不牢固。

小沃森問道：「這要花多少錢？」

伯肯斯托克說：「設計和製造樣機要花三百萬美元。整個計劃的費用將是這個數目的兩倍至四倍，大約要超過一千萬美元。」

小沃森要求進一步了解這種機器。於是，一九五一年元旦後不久，在小沃森的辦公室裡舉行了一次公司會議。只有威廉斯和小沃森是與會者當中的非技術人員。赫德、帕默和伯肯斯托克把他們的皮箱放在桌上，取出裡面的新型電腦設計圖。這種電腦是用電線連接起來的一堆黑箱子。

小沃森對伯肯斯托克說：「咱們繼續幹吧！但是我希望你會幫我一個忙。把這些計劃書清理一下，然後你和赫德出去試試，看看我們能否找到訂購這種機器的訂貨單。」

與此同時，為了對付銷售部門的懷疑論者，小沃森為這種新型電腦取了一個充滿愛國情感的名稱：國防電腦。

在伯肯斯托克和赫德外出推銷之前，還必須確定這種電腦的價格。公司裡沒人知道怎樣為電子電腦定價。因此，帕默和手下人計算了一下購買真空管要花多少錢，在此基礎上增加百分之五十，得出每月租金八千美元。

然後，伯肯斯托克和赫德走訪了他們曾經去過的所有國防工業實驗室，宣傳「國防電腦」將具有的新優點。客戶們訂租很踴躍。不到兩個月，就獲得了十一個客戶的訂單，還有十個可能的客戶。

有了訂單，小沃森帶著威廉斯將計劃提交給父親。老托馬斯沒提任何問題就批准了。

在國防電腦問世之前，老托馬斯參觀了由他捐款設立的一個哥倫比亞大學實驗室。那裡的研究人員正在試驗高速電路。

他回來之後順路來到小沃森的辦公室，興奮地說：「你應該到那裡去看看。我不知道那是什麼東西，但是那個人每秒鐘做了二十萬次運算！」

小沃森明白，父親決定把採用電子技術的機會留給他，「國防電腦」是他讓兒子作為一名經理所冒的第一次巨大風險，他已開始意識到電子和電腦工業時代就要翩然降臨了。

隨著國防電腦的進展，公司的其餘部門越來越多地參與了這個專案。這個專案贏得了一些重要的盟友，包括已經當上負責銷售的副總裁的雷德・拉莫特和打孔機生產部門的銷售經理文・利爾森。

國防電腦取得的進展，使小沃森贏得了很多原本持反對意見的人的支持，這也標誌著國際商業機器公司的電腦從科技領域進入了商業領域。

與父親產生觀點分歧

進入一九五〇年代，小沃森越來越顯赫的聲名開始讓父親上心了，他準備讓兒子成為國際商業機器公司的接班人，可另一方面，他又不情願讓兒子搶了他的風頭，所以他對小沃森的態度十分矛盾。

小沃森不在場時，老托馬斯會告訴別人，兒子是個了不起的人，毫無疑問有一天會掌管公司。可每當小沃森成就一項事業時，他卻從不當面說一句話。

老托馬斯這個時候已是七十六歲，做事有些力不從心了。他每天早晨來上班的時間越來越晚，午飯後還要在辦公室隔壁的接待室裡休息一兩個小時。

但是老托馬斯卻讓祕書們替他保守這個祕密，因為他喜歡給人留下一個精力充沛的印象。當他在公開場合露面時，他都盡量表現得神采奕奕；即使是身體不舒服時，他也總是挺拔地站著，像年輕人那般步履矯健。

但是小沃森心裡清楚，父親不再像從前那麼強壯了。他開始注意保護父親的健康。每次他們一起乘火車，小沃森半夜醒來總是要去看看父親有什麼不妥。

有一次，老托馬斯還差一點搞砸了一次演講，所以當國際商業機器公司的新一屆年度大會的日期迫近時，小沃森跟父親說，如果有專家、內行們有無休止的問題時，那就由他來對付他們。老托馬斯對此完全同意，他認識到自己有點力不從心了。但小沃森從不覺得父親對他是一種妨礙。因為現在是他給父親一些幫助，並因此得到他的感激和賞識了。

只有當父子倆之間發生了極大的摩擦時，小沃森才會回到家裡對奧麗芙說：「真希望爸爸能退休，不再插手這裡的事兒。」

此時，小沃森認為自己已學會了如何經營企業，有威廉斯和其他年輕人的精誠協作，並且知道要使國際商業機器公司向何處走。但是老托馬斯還是不肯放鬆。

他清楚地對小沃森表明：「如果你想擔負更多的責任，那必須一路跟我鬥下去才能得到。」

有一次小沃森向父親抱怨他對自己的苛刻，老托馬斯咆哮道：「我並沒有多長時間能教你了。這是我知道的唯一能教會你的辦法！」

通常是在小沃森勞碌一整天、快要下班勞累不堪的時候，老托馬斯才真正開始來了勁頭。總是在小沃森正要回家時，蜂鳴器響了，他疲憊地坐在那兒，聽父親對他宣布一項決定，而他的決定肯定要和前一天已商量好的方案恰好相反。

有一次，老托馬斯說：「我要派法威爾到克拉馬祖去。」

小沃森說：「爸爸，這件事咱們不是已經談妥了嗎，並且已經說好不讓法威爾去克拉馬祖。」

「哦，我進一步考慮了一下，改變了我的看法。」

「可是我已經通知了法威爾，說他……」

老托馬斯說：「你那麼做並不合適！」

他們最激烈的爭吵不是發生在辦公室，因為那會影響其他人。

老托馬斯夫婦住在東七五大街，小沃森則住在離公司很遠的格林尼治，如果他有事需要留在市內，或是要出席第二天清晨的一個什麼會議，他就去父母那裡過夜。

有一天晚上，小沃森聚會之後又回到父親家裡，這時父母還沒回來，他就早早地睡了，並很快進入了夢鄉。

老托馬斯回來之後，輕輕地走進小沃森的房間。

小沃森被父親叫醒，他睜開眼睛問：「爸爸，有什麼事嗎？」

老托馬斯在兒子床邊的椅子上坐下，說：「沒什麼，我只是來向你道個晚安。今晚的聚會怎麼樣？」

小沃森又好氣又好笑：「還不是老一套，但還算不錯吧！」

老托馬斯仍然不離開：「那又認識了許多新朋友吧？」

小沃森只好把手支在腦袋上：「嗯，這種聚會總會認識新朋友的。」

老托馬斯笑了：「是啊，總是致辭、祝酒、鼓掌、交談……」

父子倆相視而笑。

開幾句玩笑之後，老托馬斯話鋒一轉：「順便提一下，兒子，我想再管管西銷售區，就管這一次。」

小沃森說：「但我已經在一個環節上花了很多時間並且已經解決了問題，根本不需要您……」

老托馬斯卻打斷說：「我對這事的處理一點都不滿意。」

小沃森立刻從睡夢中清醒過來：「可這是我的工作，我完全能應付得了。您不應該再對我的工作指手畫腳了。」

老托馬斯卻寸步不讓：「別這樣對我說話！國際商業機器公司的事我都要管。」

小沃森也猛烈地回擊過去，於是就爆發了一場大戰。

爭吵一直持續至凌晨，珍妮特最後不得不起床勸解。她穿著睡衣站在門口，頭髮因睡眠而蓬鬆著，「小夥子們，拜託你們快去睡覺，行嗎？你們把整棟樓的人都吵醒了。都趕緊給我回到床上去！」

父子倆停止了爭吵，相互盯著，就像兩隻鬥架的公雞，誰也不說話。

老托馬斯回過身去，聲音乾澀地說：「晚安，兒子。」

小沃森這一刻突然眼中噙滿了淚水，他把手搭在父親肩上：「爸爸，對不起，我不該這麼說。」

老托馬斯也回過頭來，他的眼中也濕潤了：「兒子，我知道，你為了國際商業機器公司已經盡了全力，我不應該事事都責備你。」

父子倆流著淚互相擁抱，然後精疲力竭地各自睡覺去。

他們總是發誓再也不吵架了，可是不出兩三個星期，肯定又會有新的意見分歧，繼而上升為白熱化的爭論。然後再次互相諒解，消除怨氣。因為他們都是為了共同的目標——國際商業機器公司。

有一次，在小沃森的辦公室裡，他們又爆發了一場惡戰。

老托馬斯拍著桌子說：「你和艾爾那樣管理銷售就不對！」

小沃森看著白髮蒼蒼的父親，盡量緩和著問：「那您認為應該怎麼管？」

「所有的分部經理和地區經理都應該看所有的訊號報告。」

「但是爸爸，現在和過去不同了，僅一個銷售區一天就能收到近四千份報告，地區經理能看得完嗎？國際商業機器公司是大公司了，大公司有大公司的運作方式，不能再像過去那樣管理國際商業機器公司了。」

「我還用你來教我怎麼管理國際商業機器公司，小子！國際商業機器公司是我創辦的，我在國際商業機器公司摸爬滾打創業的時候，你還在你媽懷裡吃奶呢。」

「你？！……真是不可理喻！」

小沃森逃出了房間。

走廊的盡頭是老托馬斯的表弟查利·洛夫的辦公室。小沃森闖進查利的門，也不管還坐在桌前的表叔，倒在沙發上失聲痛哭起來。

查利很吃驚，他問：「出什麼事了？湯姆，需要我幫忙嗎？」

小沃森抹了一把眼淚：「表叔，在你成長的過程中，你和你父親常常大吵大鬧嗎？」

查利說：「那當然。」

這話聽起來讓小沃森好受了些。

父子倆都在試圖改變對方。兒子希望父親親切隨和，不那麼挑剔，而父親卻做不到。父親希望兒子順從、溫馴，不那麼具有反抗性，但兒子也做不到。

珍妮特則盡她所能緩和事態。她總是對小沃森說：「我比你父親年輕得多，對他的倔強和固執也深有感受。我也知道，你不得不一切服從他的安排。可是，你一定得記住，你父親已是個古稀老人了，大動肝火對他沒什麼好處。如果正當你們爭吵時他出了什麼事，你會一輩子後悔的。我不知道你們這些爭吵是怎麼開始的，也不知道你怎麼做才能消消他的火氣，但是我請你一定要盡全力，千萬不要讓事情變得太糟。」

小沃森其實每次也都心中不安，他知道父親鍾愛他，盼望他飛黃騰達；他也愛父親，希望他平安度過晚年，沒有創傷，沒有窘迫，沒有傷害身體的操勞。可是儘管小沃森一直努力不辜負父親的期望，老托馬斯對他卻從沒有滿意過，這也許就是「恨鐵不成鋼」的緣故吧！

老托馬斯一開會就沒完沒了地嘮叨：「我總是放不下那筆八千五百萬美元的債，這筆錢一直困擾著我。欠債這種事情是不能馬虎的。我們必須時刻記著，我們還背著債務。能不能想辦法利用現有的資金，而不用借貸？」

小沃森卻說：「我們需要借款，因為即使把賺來的每一分錢都投入再生產的話也還遠遠不夠。好吧爸爸，現在我們不必再借錢了。不過我們不能再僱用更多的推銷員了，因為我們手頭的訂單已經足夠我們應付一陣子了。」

不雇推銷員，那簡直如同在老托馬斯的心口捅一刀一樣。在他心目中，推銷員的增多意味著企業的增長。

老托馬斯拿著貸款的單子，皺著眉頭想了一會兒，然後指示祕書：「為我倆同銀行約好時間，去借更多的錢。」

父親妥協了。父子倆之間的分歧，實際上是新舊觀念上的衝突。

當上了公司的總裁

一九五一年的春天，小沃森正在全力以赴地推進國防電腦的進程。作為執行副總裁，他已經基本全面掌管了國際商業機器公司。但是，總有一些事情還是需要向老托馬斯請示，因為他還是總裁。

可是，老托馬斯這時主要精力都在公司的國際貿易公司上，而國內方面的事務則由祕書菲利浦斯代為傳達。有時，小沃森有事，就要向菲利浦斯請示，多數時候菲利浦斯都會當面給予肯定；但是等請示了老托馬斯之後，卻又總是被否定。頻繁地出現這種事兒，就太讓小沃森惱火了。

有一天，因為又一件事被老托馬斯否決了。等老托馬斯回國之後，小沃森暴風般地闖進了父親的辦公室：「你就讓你的祕書做公司總裁好了。他每次都同意我的做法，可是跟你商量了之後，總要再回來推翻他自己的決定！這讓我還怎麼開展工作？」

老托馬斯這次卻並沒有跟兒子爭吵，他說：「你先到我午睡的接待室裡等一下。」

然後，老托馬斯把菲利浦斯召進他的辦公室。兩人在裡面嘀咕了一陣之後，把小沃森叫了進去。

小沃森心裡也在打鼓：「父親別老糊塗了，真讓菲利浦斯當總裁吧？」

老托馬斯和菲利浦斯都轉過身面對著小沃森。老托馬斯帶著一種異樣的表情說：「我們已經決定了，讓你做總裁。」

小沃森本以為得繼續和父親大吵一通的，卻沒料到他們作出了這個決定，他一時呆在了那裡。

見小沃森一言不發，老托馬斯問：「怎麼了？難道這不是你夢寐以求的嗎？」

在小沃森心裡，他希望父親能把自己繼任總裁看作是他生命中的一次重大勝利，令他感到驕傲的勝利，卻沒有想到父親似乎只是為了避免爭執才讓他做了總裁。他沒有感到一絲自豪和愉快，相反，他心裡非常難受，覺得自己一定是深深地傷了父親的心。

老托馬斯也同樣很失落，他什麼也沒說，就出門旅行去了，甚至連張字條也沒留給小沃森，而是臨走前讓菲利浦斯寫了封信落實小沃森接任總裁的事。

一九五二年一月，三十八歲的小沃森接任國際商業機器公司總裁。在正式升任總裁的前一天，小沃森給父親寫了一封信：

親愛的爸爸：

我非常感激您為我所做的一切。我熱愛我的工作，熱愛我們的公司。另外，我相信這種安排會使您的生活更快樂。對我們來說，您永遠是我們的國際商業機器公司開創者，我現在的能力有百分之九十是來自您的建議和忠告。我希望您能繼續做國際商業機器公司的董事長。

我們的公司一定能夠持續快速發展，在這一點上我和您的目標是一樣的。我有巨大的動力推動我為此做出努力，如高薪和股份等；但是即使是什麼報酬也沒有，只要我能維持生活，我就始終熱愛我的工作，因為國際商業機器公司是您的公司，而我是您的兒子。

我一直把我成為國際商業機器公司總裁這一天看作是我的抱負實現的一天。當然我很快樂，可是如果我從您的臉上、從您的眼睛裡看不到您對我的滿意，我是無法真正感到滿足的。世界上沒有一個兒子崇拜他的父親像我崇拜您一樣。

之後半年的日子裡，國際商業機器公司突破了年利潤二點五億美元的大關，比六年前小沃森剛回國際商業機器公司時翻了一倍還多。

有一年夏天，下屬公司一位經理去世了，於是小沃森去參加他的葬禮。

正當小沃森要趕往機場之前，父親把他叫進辦公室。他們說著說著又大吵了一架。最後小沃森說：「我沒時間再跟你說了，我得去趕飛機。」說完就邁步出了房間。

老托馬斯隨後也下了樓鑽進他的大轎車，竟然比小沃森先趕到了機場。打字機分部的總經理威斯尼．米勒正在等著與小沃森一同前往加利福尼亞。

當他們到了紐約機場，走向停機坪上的飛機時，老托馬斯正艱難地從候機大廳裡走出來。小沃森看見了那時已經七十八歲的老父親，他慢慢地穿過停機坪向自己走來，不顧周圍好奇的旁觀者，伸出瘦骨嶙峋的手抓住了兒子的手臂。

小沃森真被氣得失去了理智，他狠狠地抽出了手臂，轉身上了飛機。在長達九個小時的飛行中，小沃森坐立不安。由於去參加一個老人的葬禮，他更聯想到父親，生怕他會在這樣的衝突中死去。

一下飛機，小沃森就迫不及待地奔向電話，向父親道歉。雖然那場爭執也很快風平浪靜了，但是它強烈地震撼了小沃森。那時他第一次意識到：「我的父親有一天也會離開人世。」

同時，小沃森也開始意識到，他再也不能像小孩子一般任性了。那個秋天，他帶全家出去度假，小沃森和兒子、女兒們一起玩耍，想了很多關於父親的事。接著，他用了更多的時間來整理思緒。

不久，在一次火車旅行中，小沃森取出一本黃色的便籤簿，向父親傾訴了他對父親全部的愛：親愛的爸爸：

從我起程去切色皮克的那一刻起，我就在構想這封信了。在與國際商業機器公司的弟兄們一道航海的途中，我開始回想我們共同度過的三十八年。

我一次又一次地認識到您對我是多麼愛護、多麼公平、多麼寬容。我一直都感受到這些，尤其是從我有了自己的兒子之後，我的感覺更清晰了。

我只希望他愛我能像我愛您那麼深。當然，我希望他不要與我爭執甚至反抗我，就像我對您所做的那樣，因為我知道那是多麼傷害一個父親的心。

我還記得小時候在肖特黑爾鎮學校時給您惹的麻煩。那時您是學校董事會成員，有一次我和人打架被董事會知道了，您耐心地教育我。恐怕我對自己的兒子不會有那份耐心的。

我又想到我那一直令您頭疼的學習。我的分數，總是令您失望，可是您卻能藏起您的失望，從來不對我發火。

我仍然清楚地記得那個早晨，我和您離開卡姆登，去為我尋找一所願意接受我的大學。最後布朗學院留下了我。然後發生了我學飛行的那件事，還有這以後的許許多多的小矛盾。每當我們意見不統一，您從不禁止我去做我想做的事，只是和我講道理。

但願我對我的兒子也能像您對我那樣。我為自己在很多方面不是一個最好的兒子而感到遺憾。雖然您和媽媽是如此優秀，我還是想能夠青出於藍而勝於藍。我一直都在夢想有朝一日我能讓你們為我而感到自豪。

在這三週裡，我的腦海裡迴蕩著我們一起生活的點點滴滴，我感到非常快樂。我們也曾吵過架，現在我冷靜地想一想，百分之九十的時候您是正確的；而其餘的時候，如果我是個好兒子，我就不會和您爭吵的。

爸爸，我曾給您寫過數十封信，向您保證我將做得如何如何更好。但是自從南下之後，我的心情似乎與以前有些不同了。現在我是這麼強烈地想得到您的肯定，使您對我百分之百地滿意。

我想說的是，我希望我還有機會讓您知道，我愛您，敬重您。國際商業機器公司是您的化身，我會讓它永遠如此。我從沒像現在這樣渴望您的教誨和建議。當您每次來公司巡視時，我願意和您共同商討公司的事。這樣一封信可能難以表述我內心深處的感情，可我還是要試一試。

我想說的最基本的一點是，從沒有一對父母像您和媽媽這樣疼愛和理解他們的孩子；我也將更加努力，讓你們為我感到驕傲。

兒子：小托馬斯·約翰

小沃森很高興自己終於說出了自己積壓多年的話，而且這封信也給老托馬斯帶來了最快樂的一刻。

與蘭德公司激烈競爭

一九五二年的大選前夜，當德懷特・艾森豪威爾大敗阿德萊・史蒂文森時，哥倫比亞廣播公司的節目中出現了一台 UNIVAC 電腦。廣播公司使用 UNIVAC 來顯示選舉結果。

廣播公司著名的節目主持人愛德華・莫羅、埃里克・塞瓦賴德，還有沃爾特・克朗凱特，稱它為「無與倫比的電子大腦」。

當時，所有的民意測驗結果都顯示兩位候選人勢均力敵、不相上下，只有 UNIVAC 電腦根據一小部分選舉結果報告預測艾森豪威爾將以懸殊的比數獲勝。

雷明頓・蘭德公司對此非常緊張，砍掉了一部分內存，以使 UNIVAC 的預測與民意測驗的結果相一致。

然而大選的結果證明電腦的預測是正確的。雷明頓・蘭德公司的 UNIVAC 電腦從此名聲大振。

小沃森已經不止一次聽到這樣的消息，他在華盛頓換乘飛機時，該區的業務總管雷德·拉莫特到機場來見他，他匯報說：「雷明頓·蘭德公司賣給了我們的老客戶統計局一台他們的 UNIVAC 電腦，不久還要再賣一台。人們全在為這事興奮。為了騰出地方，他們把我們的幾台製表機給堆到角落裡去了。」

小沃森大吃一驚：「我的上帝，這邊我們正費盡心機地製造國防電腦呢，那邊 UNIVAC 已經動手搶我們民用方面的生意了。」

黃昏時分，小沃森飛回紐約後，馬上召集了一個會議。他說：「這次會議主要討論國際商業機器公司新產品的問題。我們必須認識到技術的領先在商業運作中的巨大優勢，所以我們必須研究出一台更為先進的電腦，來同 UNIVAC 爭奪市場。」

會議一直開到深夜。大家都已經意識到，國際商業機器公司正在丟掉生意。

會議最後決定，兩個專案同時上馬：一項是以磁帶應用為主的商用電腦，一項是國防電腦。

小沃森把技師分成三組，排三個班次全天輪換工作。

每週一早晨，小沃森把其他事都拋到身後，連續幾個小時與專案經理們會面，討論開展的專案，督促他們的進展。

國際商業機器公司用「危機模式」一詞來形容當時的工作情況。有些時候，小沃森真覺得他們像是「鐵達尼號」客輪上的乘客。

一九五二年的一個清晨，麥克道爾來見小沃森，帶來了一篇新的對國防電腦耗資額的分析。分析的結果是，給用戶的報價低了一半。研製這種機器每月的費用遠遠超過了預想。

小沃森立刻四處通知用戶提高價格，令人意外的是，訂單竟奇蹟般沒有減少。很明顯，他們發掘到了新的、強有力的需求源泉，甚至上漲一倍的價格也沒嚇退他們。

一九五二年十二月，國防電腦國際商業機器公司 -701 設計製造完工。國際商業機器公司為此舉行了盛大的典禮，很多全國知名的科學家和商界巨子都參加了這次活動。

一開始，國際商業機器公司就把 -701 當作一種產品而不是實驗室設施來製造，因此，儘管十分複雜，他們還是把它的製造地點選擇在工廠，而不是實驗室。此外，國防電腦與其他機型在外觀上也不同，在設計時就刻意使它便於海運和安裝。

UNIVAC 的機箱有一輛小型卡車那麼大，而國際商業機器公司 -701 是由分離的組件構成的，每個如大型冰箱般大小，可以裝進普通的貨運電梯。到了用戶那裡後，技師可以在三天之內連接好機器並使之運行。其他的電腦至少需要一週的時間來安裝。

小沃森想大張旗鼓地推出國際商業機器公司 -701，從 UNIVAC 那裡爭取注意力，於是把第一台國際商業機器公司 -701 運到紐約，安裝在總部大廈的底樓。為了給新電腦騰出空間，拆了原來的那台老電腦。這台被老托馬斯稱為「計算機之王」的機器來到世上只有五年就被淘汰，小沃森不禁感嘆電子技術的進步實在是日新月異。

四月份，舉行正式推出國際商業機器公司 -701 機的儀式。一百五十名頂尖的科學家和美國商界領袖參加了典禮。

儀式的主賓是傑出物理學家羅伯特・奧本海默，他曾領導一隊科學家製造出第一枚原子彈。他在賀詞中稱國際商業機器公司 -701 是「對人類極端智慧的貢獻」。

國際商業機器公司的工程師們向來賓們介紹著國際商業機器公司 -701 的種種優點：「它不僅計算速度快，而且便於運輸和安裝……」

新電腦贏得了參觀者的普遍讚賞。全國的報紙都刊登了這一新聞。國際商業機器公司再次成為媒體和公眾所矚目的焦點。反響最大的是國際商業機器公司的大客戶，幾年來他們一直在催促國際商業機器公司製造電腦。

小沃森的朋友、《時代》雜誌總裁羅伊．拉森對小沃森說：「快別浪費時間了。既然你們已經推出了科技用的國際商業機器公司-701，那也一定能製造出令人滿意的商用電腦。拿出你們的東西來，我們也好比較一下，決定是否買台UNIVAC。」

小沃森對他說：「別著急，我們正在研究中，相信不久就會有您喜歡的國際商業機器公司-702問世了。它是以磁帶儲存訊息的。」

這個消息立即傳遍了所有國際商業機器公司的客戶，他們都急切地盼望著國際商業機器公司的新機器盡快問世，來替換原來的打孔機。

九月份，國際商業機器公司公開宣布了製造國際商業機器公司-702的計劃，隨後不到八個月的時間裡，就收到了五十台的訂單。

早在一九四九年蘇聯成功試爆了他們的第一枚原子彈之後，美國空軍開始感到美國需要一個成熟的防空系統了。他們還認識到這個系統應該採用電腦。

政府與麻省理工學院簽訂了一份合約，一些美國最優秀的工程師制訂了一個廣闊的電腦——雷達網路工程計劃。這個網路將覆蓋整個美國國土，二十四小時連續運行，計算每一架進攻的轟炸機的位置、飛行軌跡和速度。軍方把這個系統命名為半自動地面環境，簡稱 SAGE。指揮官可以利用 SAGE 來監測他的整個轄區，並能透過 SAGE 向他的攔截機和高射炮台發出命令。

麻省理工學院負責 SAGE 的工程師是傑伊·福雷斯特，他堅信電腦可以做超出比任何人想像更多的工作。

一九五二年夏天，傑伊巡遊全美的電腦行業，參觀了其中五家最優秀的公司：美國無線電公司、雷松電子公司、雷明頓·蘭德公司、西爾維尼亞電子公司及國際商業機器公司。各家都在為贏得傑伊的青睞而全力以赴。

此時，小沃森盡量地不去擔心其他的競爭對手們，只是讓國際商業機器公司自己證明自己。他帶領傑伊去參觀了國際商業機器公司的工廠，傑伊被小沃森說服了，國際商業機器公司承包了這個專案初級建設的一小部分任務，與麻省理工學院聯手搞樣機的製造。

為了使該系統成功實施，電腦必須以全新的方式工作。SAGE需要隨時掌握瞬間萬變的防空全貌。這意味著電腦必須持續不斷地接收雷達收集來的訊息，並連續對這些訊息進行及時處理。

即使訊息處理的技術難度已經夠大了，可是空軍還要求這一系統必須絕對可靠，要求電腦能夠年復一年、一天二十四小時精確無誤地工作。

小沃森從其他的電腦專案中抽調出國際商業機器公司最優秀的工程師，去同傑伊的人一道工作。工程開始一年後，國際商業機器公司有七百人投入這一專案，設計和製造合格的樣機只花了十四個月的時間。

空軍把新機器命名為AN/FSQ-7，簡稱Q-7。

雖然成功地製造了樣機，但這並不能保證國際商業機器公司能拿到整個工程下一步的任務，SAGE 工程的生產和維修整個系統所需的幾十台電腦的合約仍不知鹿死誰手。

小沃森知道贏得這個合約對國際商業機器公司的前途具有相當重大的意義，它能使得到這批電腦製造權的公司領會到成批生產的奧祕，從而在整個行業中遙遙領先。

小沃森真擔心傑伊會把工程轉移到別處。他為簽訂這一合約書所付出的努力，比為任何其他生意付出的都多。他不斷地去麻省理工學院。

但傑伊還在猶豫不定，最後小沃森告訴他，如果把生意給國際商業機器公司，在合約簽訂之前可以為他建一座工廠，並強調說：「只要你點頭，這一週內我們就可以開始蓋工廠。」

傑伊最終同意了。

幾年之內，國際商業機器公司已有幾千名工作人員投身於這項宏大的工程，他們一共製造了四十八台Q-7。至一九五〇年代末，SAGE系統的電腦銷售量幾乎占國際商業機器公司全部電腦銷售量的一半。

小沃森的努力，使國際商業機器公司重新成為人們議論的焦點，也使國際商業機器公司改變了原來在人們心目中守舊的形象。

一九五五年，小沃森登上了《時代》雜誌的封面。這般殊榮就連老托馬斯也從未獲得過。

《時代》雜誌記者弗吉尼亞・貝內特小姐奉命採寫一篇有關美國工業自動化的文章。當時，雷明頓・蘭德公司的總部也設在曼哈頓，與國際商業機器公司總部靠得很近。貝內特小姐前去採訪蘭德公司的UNIVAC電腦。

而當天，蘭德公司卻對貝內特愛理不理的。貝內特採訪不成，在喪氣地漫步返回她的辦公室途中，無意之中經過國際商業機器公司的大門。她從櫥窗裡看見了新展示的國防電腦，貝內特心想：「這裡的人也是搞電腦的，我何不去看一下呢！」

老托馬斯一貫深信公司在公眾中的形象之重要。他親自挑選了一批訓練有素的接待人員，安排在門廳迎接來訪的客人。那天，在公司門廳值班的人中有一位經驗豐富的接待小姐。貝內特小姐走進公司大門，說她是《時代》雜誌的記者，打算採寫一篇專訪。這位接待小姐胸有成竹，立刻回答說：「本公司的老闆是沃森先生。他今天有事外出。但他的兒子小沃森先生是公司的總裁。您肯定可以見到他。」

十分鐘之後，貝內特就在小沃森的辦公室裡，聽著有關國際商業機器公司創造電子奇蹟的介紹。

《時代》雜誌的編輯們一直認為，電子工業帶來了第二次工業革命。因此，他們欣賞國際商業機器公司的做法，認為切合主題。於是，在這期的《時代》雜誌上，小沃森的照片被赫然刊登在封面上。

《時代》雜誌封面上的醒目標題是：

國際商業機器公司的沃森先生：孜孜不倦追求，永不停息思考。

這是任何公司老闆夢寐以求的最好的宣傳。《時代》雜誌的讀者達數百萬之眾。這篇專訪寫道：「人類的前景確實光輝燦爛。工業自動化對於體力勞動者來說都意味著新的安逸、新的財富和新的尊嚴。」在蘭德公司的高層人員中竟沒有一個人意識到電腦在將來的地位和作用。該公司的老闆吉姆・蘭德什麼行業都想插手，搞多種行業的聯合大企業，什麼都產都銷，從辦公設備到電動剃鬚刀，從自動導航儀到農業機械，無所不幹。蘭德甚至不准許該公司的打孔機推銷人員兼銷電腦，因為他說這樣會大大增加公司的成本開支。

而在國際商業機器公司，小沃森帶領大家專心地把全部推銷力量放在電腦上。早在電腦發貨前幾個月，國際商業機器公司就僱用了一大批學數學、物理的大學畢業生和工程師，到客戶門上教他們如何操作使用電腦。為了普及推廣這個新領域的知識，還在波啟浦夕為客戶和推銷人員舉辦各種講座。

雷明頓・蘭德公司同國際商業機器公司一樣也從事打孔機業務。他們公司的人本應精於此道，但是卻沒有做到。

至一九五四年春天，國際商業機器公司研製的電腦和 UNIVAC 處於並駕齊驅之勢。在實際安裝的電腦方面，雷明頓・蘭德公司仍略占上風。但是，國際商業機器公司拿到手的訂單比雷明頓・蘭德公司多四倍。

當時國際商業機器公司最暢銷的新電腦是應用於會計系統的 702 型，已獲得五十台 702 型電腦的訂單。

要如期把這批 702 型電腦交給客戶，國際商業機器公司的所有部門必須通力合作、環環相扣，缺一不可。小沃森任命執行總裁之一文・利爾森專門負責此事。

到夏天，新的麻煩又來了。702 型的記憶功能尚不完備，雖然使用的儲存系統在處理速度方面比 UNIVAC 快，但經常出現「遺忘」數據的毛病。把這樣的電腦交給客戶，無疑會損害國際商業機器公司的信譽。如果想競爭過 UNIVAC，就必須改進 702 的可靠性。國際商業機器公司的工程師和生產主管們不知如何辦才好。

小沃森憂心忡忡地對大家說：「如果這個問題不解決，我們拿什麼和 UNIVAC 鬥呢？」

利爾森這時說：「也許我們可以試著改變它。」

小沃森眼睛一亮：「你有好辦法嗎？」

利爾森說：「也許可以試試。我聽說麻省理工學院研究 SAGE 的專家們在研究記憶技術方面有一套。」

於是，利爾森弄來一台舊的 702 型電腦，送到麻省理工學院，求教於專家。

麻省理工學院的工程師們確實有一套，他們能把大量資料儲存在一小塊螺帽狀的「磁芯」上。磁芯的記憶功能極為可靠。

這時一位負責技術的經理對小沃森說：「我們的工程師本來計劃把磁芯應用於國際商業機器公司的下一代電腦，但大約需要三年時間才能上路。」

利爾森當機立斷：「不行，我們等不了三年。你們要來個飛躍，立即上馬。」

工程師們大大加快了進度，結果不到半年，國際商業機器公司的所有電腦生產線都裝配了記憶磁芯。

一年之後，這種改進設計的電腦就開始出廠交貨。這種產品使 UNIVAC 相形見絀。國際商業機器公司很快就遙遙領先了蘭德公司。

至一九五六年舉行大選的時候，國際商業機器公司已有八十七台電腦在運行，還有一百九十台電腦的訂單到手，這也讓其他電腦製造商望塵莫及。

一九五四年，國際商業機器公司又開發出一種650型的小型電腦。它體積小，價格便宜，而且能同打孔機配合使用，而計算功能又遠在打孔機之上，所以成為那些急於使用電腦的公司的最佳選擇。650型處理日常工作的能力在市場上掀起了一股650型電腦熱。

三年後，國際商業機器公司搞出了引人注目的成果——電腦磁盤。它可以把資料儲存在細微磁體的表面。這種磁盤實現了電腦實用性的一場革命。

打造公司的嶄新形象

國際商業機器公司在市場上蒸蒸日上，但是小沃森卻並沒有完全陶醉於其中。老托馬斯從來沒有認為國際商業機器公司是他的私產；小沃森也從來沒有想把它占為己有，相反，他經常懷疑他是否對國際商業機器公司擁有真正的影響力。

小沃森時時感覺，他不過是父親的影子，而父親又慣於一人說了算。小沃森當了總裁之後，每逢出差，國際商業機器公司的當地員工們都到機場迎接。這是按照老托馬斯的慣例來進行的，因為他喜歡這種排場。但小沃森卻深以為擾，所以他一再告誡員工們千萬別這樣做。

小沃森經常到各地視察國際商業機器公司的分公司。每到一處，他都得向員工講，大家才是國際商業機器公司的主人。

在老托馬斯的倡導下，國際商業機器公司早就有自己公司的歌、旗幟和標語口號，有公司的報紙乃至服裝、舉止的各種規則。而且，每間辦公室都要懸掛老托馬斯的照片。每天一早，分公司的經理們還要推銷人員在出去拜訪客戶之前唱公司的歌。

小沃森覺得，這些形式主義的東西對於一個成熟的公司來說是荒謬可笑的。他一直想改掉，但又力不從心。

小沃森還必須設法向員工們表明，現在是他在掌管國際商業機器公司，而且時代也不一樣了，現在國際商業機器公司是一家電腦公司，而不再是打孔機公司了；現在身處一九五〇年代，而不是一九二〇年代了。

思前想後，小沃森決心透過現代化的設計使國際商業機器公司一展新姿，以顯示他個人的特徵。國際商業機器公司一切看上去都是陳舊過時的，小沃森希望國際商業機器公司的一切，從產品、辦公室建築物乃至印製的宣傳品都煥然一新，使公司的一切都對公眾具有吸引力。

有一天，小沃森信步走過紐約第五十街，不由自主地被一家商店吸引過去。這家商店把待售的打字機陳列在人行道側供路人試用。打字機的顏色各不相同，設計頗為新穎。

小沃森走進商店，看到裡面的家具式樣新潮、色彩鮮明醒目，整個商店給人以生氣勃勃的感覺。商店大門的上方寫著「奧利韋蒂」幾個大字。

當時，這一切都給小沃森留下了很深的印象，他改革設計的念頭也由此而萌發。

幾個月以後，國際商業機器公司荷蘭分公司的總經理給小沃森寄來厚厚一包東西。他打開一看，裡面裝著兩捆材料和許多照片。夾在裡面的一張便條說，其中一捆正是小沃森看過的「奧利韋蒂」公司的廣告和推銷材料，照片上拍攝的是這家公司的總部、工廠、銷售點、員工宿舍和各種產品。另一捆則是國際商業機器公司的類似材料和照片。

這位荷蘭朋友建議說：「只要把這兩捆材料和照片分別鋪在地板上，國際商業機器公司有哪些地方必須改進也就一目瞭然了。」

小沃森對比一看，結果很明顯：奧利韋蒂公司的材料色彩鮮豔，引人入勝，好似一幅美妙的拼圖；而國際商業機器公司的材料顏色單調乏味，好比一堆舊報紙。

一九五四年底，小沃森帶著這些材料去參加國際商業機器公司的一次董事會。在休息時間，他找到了父親，並對他說：「我想給您看些東西，行嗎？」

然後，小沃森在一張大桌子上把這些材料攤開給父親看。

老托馬斯仔細看了半天，沉吟不語。

小沃森藉機說：「如果我們設法使設計人員的視野開闊一點，我想我們可以做得比他們更好。」

老托馬斯問兒子：「我知道你什麼意思。你打算怎麼辦呢？」

小沃森說：「我想聘請一位最好的工業設計師。此人年紀不大，名叫埃利奧特·諾伊斯。他為國際商業機器公司設計了一種外觀甚佳的新式打字機。」

老托馬斯點頭同意了。

不久小沃森就把埃利奧特帶到了公司。他是個很嚴謹的人，鼻梁上架著副厚厚的眼鏡。他也很有頭腦，設計產品時什麼該有、什麼該無，他胸有成竹。他的基本觀點是，機器就是機器，設計時不必加以裝飾，不必講求華麗，過分的矯飾只會引起別人的反感。他擅長於建築設計，認為這一原則同樣適用於這一行業。

小沃森帶埃利奧特來到紐約國際商業機器公司總部大樓的底層大廳裡，這裡是國際商業機器公司展示自己產品、宣傳自己形象的窗口。

這層樓是當時按老托馬斯的審美標準裝飾的，其狀宛如一艘遠洋客輪上的頭等艙。裡面有老托馬斯所喜愛的東方毯子以及鑲著金葉的黑色大理石柱子。打孔機、儀表等沿著牆壁展示。拴在　亮的黃銅桿上的天鵝絨繩索把展品同觀者隔開。

小沃森對埃利奧特說：「這哪裡像一家名列前茅的大企業？國際商業機器公司的外觀形象非大大改變不可。」

新式的 702 型電腦定於翌年夏天在那裡展示，埃利奧特決定借推出這種新電腦造點聲勢以引起轟動。他把臨街的窗戶都蒙了起來，用人造纖維板把大廳同接待處隔開。

埃利奧特每天在裡面忙個不停。老托馬斯在外面看不到，他非常好奇，每天早上，他都要走進這座大樓，瞅一眼那塊用人造纖維板做的隔板。後來他問小沃森：「為什麼不讓我到裡面去？他到底在搞什麼鬼？」

小沃森當然不會讓他進去，否則，他如果發現哪裡不合他的意，或許會推翻整個設計。小沃森說：「到時候您就知道了，不過現在，暫時保密。」他沖父親調皮地眨了眨眼睛。

終於到了揭開廬山真面目的時候。

老托馬斯一進展廳就被驚呆了：新的資料處理中心面貌煥然一新，顯得春光明媚，既新潮，又明亮，十分吸引人。地板全部刷成白色，牆壁漆成鮮紅色。牆上用銀白顏色書寫了「國際商業機器公司 -702」字樣。連傳統灰色的機器也被鍍上了鉻，在紅色牆壁映襯之下十分醒目。

老托馬斯看看牆，又看看電腦，再看看牆，往復不止。

小沃森終於忍不住問道：「爸爸，你覺得怎麼樣？」

老托馬斯興奮地說：「我喜歡，非常喜歡！特別是這面牆，都是油漆的。往後你們要改變色彩的話，一夜之間就可完成。」

這番讚許使小沃森鬆了口氣。

第二天展銷廳開放，上百名新聞記者和攝影記者前來採訪。

第三天，全美國四十家鐵路公司的老闆或高級主管應邀前來參觀了一個上午，702型電腦使他們開了眼界。

小沃森為這次成功歡欣鼓舞，他讓埃利奧特擔任國際商業機器公司建築暨工業設計處處長這一要職：「國際商業機器公司應該有一種公認的風格。我希望，凡是本公司的工廠、產品及經銷點，任何人只要看上一眼就立即說：『這是國際商業機器公司。』」

但埃利奧特認為，如果確定某種單一而刻板的公司形象，那總有一天會過時的。他建議國際商業機器公司的一切標誌都要設計得簡明、新穎，讓人過目不忘。一旦需要建設樓或翻修裝潢，都要聘用最好的建築師、設計師和造型藝術家，放手讓他們發揮各自的風格並加以創新。

埃利奧特給國際商業機器公司推薦的人都作出了傑出的貢獻。他親自設計的建築物也給人以耳目一新之感。

當時國際商業機器公司正處於擴充工廠最快的時期，至一九五五年，設在恩迪科特和波啟浦夕的工廠迅速發展，兩地的職工都達到一萬人之多。

國際商業機器公司還需要擴建，而小沃森不願意把工廠都集中在一塊兒。工廠如此集中，職工上下班都有困難。於是，他想大規模地向西部發展。

由於小沃森是飛行員出身，所以在他眼中，中西部和加利福尼亞離家並不遙遠。於是決定在明尼蘇達州的羅徹斯特以及聖何塞建一些大廠。按照他的設想，這兩個地方都要成為國際商業機器公司的中心，擁有全套的工廠、學校和工程實驗室，與國際商業機器公司在恩迪科特的中心相比在設計方面要有所不同。

後來，這兩項工程如期完工，在聖何塞的工廠還上了雜誌。這兩個地方給人以富有生氣的感覺，給看到它們的人留下了深刻印象。

小沃森成功地塑造了國際商業機器公司的新形象，並向世人昭示：老托馬斯的時代即將結束，小沃森的時代已經開始。

父親去世悲痛萬分

經過多年努力，小沃森引領國際商業機器公司進入了一個嶄新的時代。事業上雖然蒸蒸日上，但是他卻越來越擔心父親的身體。

這時，老托馬斯意識到，他如果繼續在位，就免不了受到別人的批評。當初，他把國際商業機器公司員工的退休年齡定在六十五歲。現在，他已是年逾八旬的老人了，可是他從來不提他的年齡和健康狀況。顯然他日趨衰老，身體一年不如一年。

在最後的日子裡，老托馬斯有時接連幾個星期不到辦公室露面。他喜歡到全國各地進行幾乎毫無目的的長途旅行。

而在影響國際商業機器公司前途的重大問題上，老托馬斯已經開始聽從兒子的意見，他充當的是良師益友，而不是頂頭上司。他早已停止了同兒子的爭論。

在老托馬斯的提議下，國際商業機器公司還成為首次提供重要醫療保險的美國公司之一。在小沃森的說服下，老托馬斯終於同意讓員工認股。

小沃森本來認為父親會無限期地幹下去，會像原來那樣在他身旁出謀劃策。但是，老托馬斯的健康狀況卻越來越差。

1955年冬天，老托馬斯總是覺得身體不適，一直住在佛羅里達州。由於患有多年的胃潰瘍，不斷地服用胃藥。他不能正常吃飯，身體慢慢消瘦下去，有時還有胃出血的毛病。

有一天，珍妮特打電話給小沃森：「湯姆，你勸勸你父親吧，他不肯聽醫生做手術的建議。」

小沃森馬上說：「媽媽，我馬上就到。」

老托馬斯的醫生叫阿瑟・安蒂紐西。他是一位名醫，他的病人包括溫莎公爵。

阿瑟看完老托馬斯胃部的 X 光片後，對小沃森說：「你父親的胃部看上去就像馬恩戰場，傷疤組織的堆積非常嚴重，以致他的幽門逐漸關閉，所以他才吃不下飯。一次簡單的手術，切除堆積的組織就可修復。但是，你父親決定不做手術。」

小沃森問：「他怎麼說的？」

阿瑟說：「他本來同意做手術的，可是後來又變了。他說一想到開刀，就有種上屠宰場的感覺。」

小沃森知道父親的固執，他不願開刀，就像他不願坐飛機一樣。他從來拒絕做手術，甚至都沒有治療過折磨他半生的疝氣。

阿瑟告訴小沃森：「你父親的傷疤組織要是將他的幽門完全堵塞，就可能使他喪命。」

由於沒有做手術，老托馬斯開始失去消化功能，他在一年的時間裡體重減輕了二三十磅，至一九五六年春天，他已骨瘦如柴了。

在他生命的最後幾個月裡，他每隔三個星期就去羅斯福醫院輸一次血。每輸完一次血，他的身體就會好一段時間。

老托馬斯直至臨終仍有驚人的精力。在國際商業機器公司的一次會議上，有大約五百人在一家旅館的大禮堂開會，他遲到了。會議主持人發現他坐在禮堂的後面，在台上高喊著：「沃森先生來了。沃森先生請到主席台上就座好嗎？」

已經八十三歲的老托馬斯起身沿著斜通道朝講台走去，與會者馬上站起來鼓掌歡呼。人們越鼓掌，他的腰桿越直，步伐越來越快，終於走到講台前的台階。他顯得勁頭十足，兩步並作一步登上了講台。

在推銷員們的熱情歡呼聲中，老托馬斯彷彿年輕了三十歲。他在講台上發表了激動人心的講話，揮舞著拳頭，告訴與會者們：「必須利用面前的重要機會，必須使國際商業機器公司永遠發展下去。」

一九五六年六月，紐約熱得讓人發昏。老托馬斯住在新坎南的鄉間別墅裡，興致勃勃地坐在電視機前看當年的大選。看到政客們的反覆表演，他放聲大笑。他的神志十分清醒，沒有疼痛，但是，由於不能吃飯，他已沒有任何力氣了。

月初，小沃森看望了父親後，前往羅得島紐波特準備參加紐波特到百慕大的快艇賽。他從小就喜愛快艇，因此親自挑選了一組優秀的隊員，已把一切工作準備就緒。

比賽前的一天，母親打來電話，小沃森登上碼頭接了電話。她說：「湯姆，我想你還是不去比賽為好。你爸爸病得厲害，恐怕快不行了。」

小沃森回到快艇上，指定那位老資格隊員為船長，對他說：「你把船開到百慕大。」然後匆匆趕回父親所住的新坎南。

當小沃森站到父親面前的時候，父親仍然十分清醒，說：「噢，兒子，真糟糕，你不該錯過這場比賽。」

小沃森說：「可我只想待在您身邊。」

弟弟和妹妹們也來了，他們輪流到房間裡去探望，每次時間都很長。他們一起回憶著過去的美好時光。

每當一個人走進房間同老托馬斯交談的時候，珍妮特總是說：「你們為什麼不讓他休息一會兒？」但過了一會兒，下一個人又進去了。

老托馬斯知道他即將離開人間，可是他從來沒說「我想讓你們好好照顧媽媽」之類的話，他只是不斷地同他的每一個孩子回憶往事。

第二天，老托馬斯就進入了昏迷狀態。那是一個星期天，小沃森和弟弟妹妹找來一位醫生。

醫生看了說：「你父親已經心力衰竭。」

小沃森馬上叫來救護車，把父親送到了紐約。

阿瑟醫生當時正在休息，他為老托馬斯在羅斯福醫院安排了一間病房，並讓一個助手在門口迎接。

老托馬斯的病因是胃堵塞，此時做手術已經太晚了。阿瑟第二天趕回來，他看了之後告訴小沃森：「你父親快不行了。」

老托馬斯有時會從昏迷中清醒過來，但是很快就又昏迷過去。

慰問的電報開始從世界各地雪片般地飛來。艾森豪威爾總統想給老托馬斯打電話，當他知道老托馬斯不能講話的時候，他發來了電報。電報的大意是：

你的一生是了不起的一生，但是你還應該再作出更多的貢獻。祝你早日康復。

小沃森走進病房，把總統的電報給父親讀了幾遍，他似乎是聽到了。

幾天過去了，小沃森不時地去街上的教堂祈禱。這是一段痛苦難熬的時間。他不能描述自己的悲哀，但是他感到自己生活的很大一部分將被奪走。

這天，在燈光明亮的病房裡，老托馬斯躺在病床上，頭部稍稍抬起，雙目緊閉，沒有戴氧氣罩，珍妮特和幾個子女都守護在他身旁。他深深地吸一口氣，然後就停止了呼吸。

小沃森和母親、弟弟、妹妹開始哭泣。

護士走進病房，隨後醫生又來了，他摸了摸老托馬斯的脈搏，宣布他已經走完了他八十三年的人生之旅。

小沃森和弟弟迪克去安排喪事，他們一致認為，要把葬禮辦得像父親在世時舉行的國際商業機器公司會議一樣隆重。

首先，他們發電報給國際商業機器公司的每一個分公司和父親的所有朋友。通知全世界的所有本公司的工廠停工，下半旗誌哀。凡是想來紐約參加葬禮的員工都可准假，但是不擔負旅費。

國際商業機器公司在總部門廳的窗戶上掛上了老托馬斯的照片，周圍罩上黑紗。《紐約時報》用四欄篇幅刊登了訃告，援引了艾森豪威爾總統的聲明中的一段話：

托馬斯·沃森的逝世使我國失去了一個真正的傑出美國人——一個首先是偉大的公民和偉大的人道主義者的企業家。我失去了一位摯友。他的忠告始終體現出對人民的深切關懷。

按照老托馬斯的遺願，舉行了古樸而又隆重的葬禮。

老托馬斯躺在開蓋的棺材裡，讓朋友們瞻仰他的遺容，隨後在公園路布里克長老會教堂舉行一次隆重的葬禮。

隨後，老托馬斯生前的好友一百多人，有聯合國祕書長和外交官、公司老闆以及在國際商業機器公司工作的普通員工，將教堂擠得水洩不通。

舉行葬禮的時間到了，小沃森蓋上了棺蓋，走到那個教堂。正值夏季的第一天，紐約天氣炎熱，細雨濛濛。門廳裡擠滿了人，旁邊的小教堂裡坐滿了人，就連地下室裡也站滿了人。

專用音響系統使所有參加葬禮的人都聽到了沃爾夫博士的講話。他在禱詞中高度讚揚了老托馬斯取得成功的決心和樸素作風以及他對人民的獻身精神。

葬禮儀式結束後，全家前往墓地給老托馬斯下葬。

失去了父親，小沃森感覺自己就像一艘失去了航向的船，很長時間都無法從悲痛中解脫出來。

成功對公司進行改組

一九五六年，父親死後，小沃森悲痛不已，他只好出去轉了一圈。從阿拉斯加回來後不久，他站在辦公室外面的走廊裡，呆呆地看著通向樓上他的辦公室的樓梯。除了迪克在世界貿易公司的業務以外，國際商業機器公司的重擔此時都落在了他的肩上。此時，他感到負擔如此沉重。

一個領導人死後，可能發生的最糟糕的事情就是他的追隨者失去原來的士氣。小沃森很快就發現了這種跡象。

有一次，國際商業機器公司的兩個分部曾不知不覺地投標彼此爭購用於修建工廠的同一塊土地。

其中一個分部經理找到小沃森說：「我真不明白，這樣內訌有什麼好處？爭相抬價，最終吃虧的都是我們國際商業機器公司。」

小沃森找到另一個分部的經理詢問。他也很委屈：「我們也不知道競標的另一方是他們呀！」

小沃森意識到，這種誤會是由於長期單一集權的管理體製造成的，各部門之間缺少溝通，凡事只聽他一個人的。他每天都要接待大量的人員，有的甚至要排上好幾天才能見到自己。這是父親在時那種小作坊式的管理方式，已經無法適應如今繁雜的工作了。小沃森下決心對國際商業機器公司進行改組，以防止這種情況發生。

小沃森找到了國際商業機器公司的組織設計師布魯恩：「我們必須改組，這種體制已經再無法讓我忍受了。」

布魯恩馬上表示贊同：「是啊，我們早就該這麼做了。」

小沃森眼睛一亮：「看來您是早有計劃了。您是工商管理碩士，在這方面是專家，不妨發表一下您的高見。」

布魯恩也不客氣，他走到桌前，拿起一支筆在紙上畫著：「我們先畫一張組織圖吧！您看，金字塔的最頂層是您，公司總裁；下面是第二層，最好分成幾個大部分，由幾個副總裁組成；再下面的第三層是分部經理。這樣，向您匯報工作的就只有幾個副總裁，您就可以省出很多時間來，而不必事必躬親，忙得團團轉。」

小沃森舉一反三說：「太好了！我看還可以加上一條，一些小事副總裁可以自己做主，不必事事向我匯報。但是，各部門之間還是缺乏溝通，這該如何解決呢？」

布魯恩說：「我們可以成立一個公司管理委員會，委員會由公司的高層領導組成，定期召開例會溝通情況。另外，我們還需要成立一個由專家組成的智囊團，對我們的各項決策提供參考和依據。」

小沃森雙手一拍：「好！馬上準備，年底之前就召開會議，宣布我們的決定。」

於是，在年底之前，國際商業機器公司在弗吉尼亞州威廉斯堡召集一百名左右的高級經理開會，比以往更加廣泛地劃分權力和責任。在三天的時間裡，徹底改變了國際商業機器公司的面貌，幾乎沒有一個人的職務跟他前來開會時的職務是相同的。

這次會議打算開成一次新國際商業機器公司的組織會議。幾乎每一個與會者事先都對會議的內容有所了解，在那個租用的會議室裡，每個人都懷著激動的心情期待著。在那年發生的重大事件之後，人人都覺得這是一個起飛點。

這是國際商業機器公司在沒有老托馬斯參加的情況下舉行的第一次重要會議。小沃森當時四十二歲，從事管理工作只有十年時間，但他卻鏗鏘有力地說：「同仁們，我們過去都是實幹家，但現在我們要學會充分調動所有人的積極性，靠他們出謀劃策，解決我們的許多錯綜複雜的問題。我相信，只要我們大家心往一處想，勁往一處使，一定能解決更多的問題！」

威廉斯堡會議與其說是改組，不如說是創建了國際商業機器公司有史以來的第一個自上而下的組織。國際商業機器公司保留了已經成立的產品分部，對它們進行整頓，以便使每一個經理都有明確的任務，然後取消對它們的限制，使它們有相當大的靈活性。

在公司的內部，為監督各項計劃和重大決定的實施，成立了一個六人公司管理委員會，其成員有小沃森、威廉斯、拉莫特、迪克、米勒和利爾森。小沃森讓每一個人負責國際商業機器公司的一項主要工作，由自己統管公司的全盤工作。

最後，還成立了一個公司參謀團隊，其成員有金融、製造、人事和聯絡等領域的專家。他們的任務是充當神經系統，防止年輕的國際商業機器公司新公司像在幾個月前發生的情況那樣出現失誤。

所有決定得到與會者一致鼓掌擁護。在這種安排中，一線經理好像戰地指揮官，他們的任務是達到生產目標，超過銷售定額，奪取市場份額。與此同時，參謀相當於將軍的助手，他們為其上司出謀劃策，從總部向下級傳達政策，處理規劃和協調等錯綜複雜的事務，透過檢查工作確保各分部追求正確的目標。

接著，當場宣布成立參謀團隊，可是人手不夠，空缺幾十個職位，國際商業機器公司又沒有多少在職專家，只好讓人們邊幹邊學，「造就」國際商業機器公司自己的專家。在會議中，一些經理提出了很多很好的問題和建議。

有人問：「對於智囊團和一線人員之間的矛盾我們如何調和呢？」

布魯恩答道：「這個問題我們已經考慮過了。如果一個專案未經智囊團的參謀人員簽字同意，就不能最後拍板。但如果簽了字，參謀人員同專案經理就共擔風險。如果雙方無法達成一致，那就把問題提交給上級處理。一旦上級作出決定，雙方必須遵照執行。」

威廉斯堡計劃的強大力量在於，它給經理們提供了最明確的目標。每個經理的工作好壞，完全看他所在部門的效益；每個參謀的工作好壞，完全看他在其專業領域為使國際商業機器公司成為世界第一流公司所做的努力。所以，關於每一項經營建議，財務人員都要求知道如何增加利潤，公關人員都力爭確保提高國際商業機器公司的形象，製造人員都堅決保持工廠的最高生產率和產品的品質。

經過幾天的討論，會議結束了，國際商業機器公司發生了脫胎換骨的變化。為了突出這種變化，公司的內部報紙出版了一期特刊，刊登了國際商業機器公司有史以來的第一個組織結構圖。

威廉斯堡組織方式是在恰到好處的時候確定的，因為當時國際商業機器公司的增長速度不斷加快，除了一九四三年的戰時擴展以來，在父親去世後的兩年裡，這個企業的發展速度比它歷史上的任何時候都快。

在威廉斯堡會議的幾個月之後，國際商業機器公司在轉向晶體管方面遇到了重重困難。晶體管是未來電子工業的主流，它比電子管速度快、產生的熱量小，不易損耗，實現微型化的潛力大。當時還沒有人出售晶體管電腦，但是許多公司都在競相使晶體管電腦臻於完善。

小沃森當然不會放過這一點：「我們必須把晶體管應用於電腦。」

國際商業機器公司也在波啟浦夕實驗室試制晶體管電腦和計算機。當時的困難主要來自成本。晶體管的售價每個大約二點五美元，看來好像無法設計出能夠賺錢的晶體管電腦。但是，伯肯斯托克指出：「我們只有採取積極的行動，才能克服這種困難。」

小沃森得知主要半導體供應商是達拉斯的德克薩斯儀器公司，他們首先學會了晶體管的大規模製造方法，比其他大電子管製造商都搶先一步。一九五六年，晶體管收音機誕生了，它成為消費者的搶手貨，並使德克薩斯儀器公司獨占鰲頭。

小沃森立刻派伯肯斯托克乘飛機前往達拉斯向德克薩斯儀器公司求援。他們同意幫助國際商業機器公司修建一個有批量生產線的工廠，這大大降低了晶體管的成本。作為交換條件，國際商業機器公司答應使用他們新工廠生產的絕大部分晶體管。

這個大膽的計劃激勵國際商業機器公司將自己所有的產品都實現晶體管化，因為用的晶體管越多，價格就越便宜。

正當波啟浦夕實驗室的電腦工程師歡欣鼓舞時，而恩迪科特實驗室打卡機設計師卻提出了強烈抗議。他們剛剛學會使用電子管，現在又要學習使用晶體管技術，變化之快讓他們無法適應。

但小沃森卻說：「這就是科技，我們必須跟上技術更新的步伐，走在電腦技術的最前列。」

打卡機工程師們仍然不為所動，他們在新的設計圖紙上仍然畫滿了電子管。

這讓小沃森大為惱火，他下達了書面命令：「從十月一日起，我們不再設計使用電子管！」

但恩迪科特的工程師們卻反唇相譏：「他知道什麼？」

小沃森一下買了一百台德克薩斯儀器公司生產的晶體管收音機，每次去恩迪科特時都隨身帶上幾台。一旦聽到工程師說晶體管不可靠，他就從口袋裡拿出一台收音機，讓他使用，看看能不能用壞。

在小沃森的堅持下，國際商業機器公司的機器全部應用了晶體管技術。至一九六一年初，美國人使用的電腦有三分之二是國際商業機器公司生產的。

結識赫魯曉夫和甘迺迪

一九五五年年中，小沃森從收音機裡聽到赫魯曉夫將訪問美國。他想：「如果能邀請赫魯曉夫來國際商業機器公司，那將是讓公司揚名的好機會，並且將帶來蘇聯的巨大市場。」

小沃森先給國務院打了一個電話：「我想請赫魯曉夫來參觀一下國際商業機器公

司，這並不違背外交禮節吧？」

一位負責安排赫魯曉夫訪問日程的官員對他說：「沒什麼問題，但他可能不會去。」

於是小沃森直接向克里姆林宮發了電報：

尊敬的赫魯曉夫先生：

我誠懇地邀請您參觀我們國際商業機器公司先進的電子工廠。我們紐約、加州和聖何塞等地都有這樣的工廠，您哪怕在那裡只做短暫的訪問，我們都歡迎。但我們建議您，如要真正了解我們的產品和生產人員情況的話，最好上午就來，然後在本公司用餐。

此後幾個星期，小沃森沒得到任何訊息。他本來並沒有抱很大的指望，這事也就擱下了。

沒想到過了些時候，國際商業機器公司在聖何塞工廠的總經理突然給小沃森打來電話說：「要我給您做些什麼嗎？」

小沃森聽了這沒來頭的話，順口反問：「你是什麼意思？」

總經理說：「剛才我接待了兩位蘇聯中將，他們是來工廠做安全檢查的。」

小沃森精神一振：「這說明赫魯曉夫同意來訪了。你們趕緊準備一下吧！」

國際商業機器公司為了赫魯曉夫來訪整整忙了幾個星期。他將按計劃訪問好萊塢電影製片城、一所大學、一家農場，還有兩家重要的公司。

小沃森先去聯合國請了一名翻譯，在赫魯曉夫來到的前幾天又趕到聖何塞並在旅館設了一個接待機構。小沃森還預測了各種潛在的麻煩並制定了避免突發事件的措施。他在工廠的布告欄上貼出告示：

我邀請赫魯曉夫來訪不是贊同他的政權，我考慮的是透過他的訪問能夠增進美國的利益。任何人如果不想看到他的來訪，可以自動放假兩天，工資照發。

當時共約二十名員工主動「放假」。

在赫魯曉夫到訪的前兩天，小沃森來到了工廠，審視了接待計劃。他問工程師：

「你的電腦表演估計要用多少時間？」

「差不多十五分鐘，包括提問題。」

「但我們當初準備用二十分鐘來展示的，那剩下的五分鐘做什麼呢？」

「我將談談被流放到蘇聯的波蘭人的困境。」

「埃德，你要知道，你不能那樣做。」

「這對我來說很重要。」

「赫魯曉夫是我們的客人。除非你以名譽保證不那樣做，否則我不能讓你來表演操作電腦。」

他移開目光，沉默了良久，最後同意不這麼做。

小沃森還了解到，赫魯曉夫很喜歡美食。本週早些時候，小沃森就仔細地指示餐廳主管安排自助餐，並說：「我們向赫魯曉夫展示的是工廠普通一天的情況。不要做什麼特別的安排，只安排一頓平常的午餐。」

他果然安排了一頓十分普通的午餐，然而做的品質很高，真是色、香、味俱全，簡直蓋過了名廚沃爾道夫的手藝。

小沃森給了赫魯曉夫一個托盤，自己也拿了一個。自助餐為了限制每次所取的量，所用的盤子和碗都是比較小的。但赫魯曉夫卻把他碗裡的食物裝得滿滿的，然後朝小沃森眨了眨眼，又給了他一個會心的微笑，這引得小沃森也笑了起來。

《紐約時報》的記者馬上拍了下來，第二天就刊登了出來。

午餐把赫魯曉夫帶進了愉快的情緒中，他對小沃森說：「你很懂得心理學，你用美食抓住了我的心，作為我們結識的開端。」

飯後，小沃森帶著赫魯曉夫去參觀工廠。赫魯曉夫看到國際商業機器公司現代化的程度非常驚訝，他說：「我們蘇聯必須也要有這樣的工廠。」

赫魯曉夫走著走著，突然走向幾個工人，親切地拍著他們的肩膀問：「你做的是什麼工種的工作？你的工資多少？在食品上你要花多少錢？這是一般水準的工資嗎？」

赫魯曉夫在參觀時，還向工人分發並讓他們別上了「人造衛星」紀念章。最後，赫魯曉夫站到講台的麥克風前致辭，感謝國際商業機器公司對他的熱情款待，然後發表了講話。這個講話據說是他訪美期間發表的最友好的講話。他說，蘇聯願意和美國人民和美國政府成為朋友，他從未把兩者區別開來。

從此之後，小沃森逐漸開始渴望成為國家的傑出人物。雖然他過去沒有想成為政治家的念頭，但此後卻希望可以去華盛頓為政府成功地做點事情，如同他成功地管理國際商業機器公司。

傑克・甘迺迪大選的勝利改變了小沃森在工商界的地位。在甘迺迪當選總統前，企業界絕大部分人把小沃森當作偏激的自由主義者，他們之所以能容忍他是因為國際商業機器公司的成功發展。

但現在，企業家理事會突然提升小沃森為副主席。事後他想到，自己正在成為企業界和白宮之間的「橋梁」。

早在一九三〇年代，傑克・甘迺迪的父親是駐英國大使，奧麗芙經常邀請他們家的人到家裡做客，而當時傑克・甘迺迪只有五歲。

甘迺迪家族的人開始經常去斯托，他們經常在小沃森家聚會。

一九五八年，小沃森初次遇到傑克・甘迺迪，當時他們各自坐飛機去華盛頓，他們一起聊天，談到了雙方的家庭。多年來，小沃森經常聽到奧麗芙和妹妹對他的誇獎。

當小沃森在電視上看到甘迺迪和尼克松辯論的情景後，就認定甘迺迪將贏得選舉的勝利。於是給甘迺迪寫了一封信：「我支持你，堅信你能當選總統。」

後來，甘迺迪的一位支持者給小沃森打電話，要求他在報上公開宣布支持。

但小沃森卻說：「因為我是公司的董事長，我和民主黨人、共和黨人都要打很多交道，因此，我不能那樣做。但在我將投誰的票的問題上，我不保密。你們可以公布這些話。」

小沃森為甘迺迪的當選賣了很大的力，從捐款、寫信，直至直接為他拉票。甘迺迪終於贏得了總統選舉，於是，小沃森和奧麗芙經常被邀請去白宮做客。

在甘迺迪當政的年頭裡，小沃森得到了機會和路子去熟悉並接近政府，在許多的委員會裡掛職，並成為了工商界的領袖。這時，小沃森真正覺得自己是在和一些強人同行，也為很多事情能達成一致而感到歡欣鼓舞。

當甘迺迪總統遇刺的時候，小沃森正在紐約和一批工商界人士用午餐，突然哥倫比亞廣播公司的老總被叫了出去。不一會兒，他走回房間在宴會主席的耳邊小聲說了幾句話。

主席立即站了起來說：「總統剛才在達拉斯遇刺，傷勢十分嚴重，可能活不了了。」大家聽後都站了起來，各自回到了自己的辦公室。

小沃森匆匆地與客戶談了二十分鐘，然後就馬上次家了。到家不一會兒就接到了甘迺迪下屬人員的電話，說總統已經死了，還說正在籌備葬禮。

當天晚上，小沃森就寫信給當時的副總統約翰遜，向他表達對他的由衷的支持，告訴他一件莊嚴而艱巨的任務落在了他的頭上。

親愛的總統先生：

當您面臨嚴峻的考驗和即將肩負起自由世界最為重要的任務時，我在此堅信並祝願您定將取得巨大的成就。

我有幸在過去的兩年半中結識您。我十分敬佩您的能力、機智和幹練，精明的外交技能。尤其在當今充滿挑戰的年月裡，美國有幸有您作為新總統；自由世界也有幸有您作為領袖。

如有需要的地方，我將高興地為您效勞。我將永遠跟隨在您的身旁。

您忠誠的湯姆・沃森

中午，小沃森又接到了一個電話，是甘迺迪的工作人員打來的，邀請他和奧麗芙與參議員以及大法院一起向甘迺迪的遺體告別。

約翰遜接替了總統的位子。許多人告訴小沃森，總統把他的信給他們看過。後來，約翰遜總統邀請小沃森擔任商務部長，但他婉言謝絕了。不過，在總統的支持下，國際商業機器公司得到了政府的支持，取得了更快的發展。

功成身退的歲月

對任何一項工作，分歧都是難免的，關鍵看你怎麼去對待它。一方面要堅持自己正確的觀點；另一方面也可以採取某些迂迴的方式解決。

——小托馬斯．沃森

選定公司的接班人

一九六一年，老托馬斯逝世後的第五週年，那時國際商業機器公司的規模已經是老托馬斯逝世時的兩倍半了，年銷售額已達二十億美元，加上迪克的國際商業機器公司國際貿易公司，股票總額增加了四倍。

一九六一年初，在美國正在運作的六千部電腦中，有四千部以上是國際商業機器公司生產的。

在這五年裡，國際商業機器公司內外的人們都領會到托馬斯・沃森就等於國際商業機器公司。但這時，小沃森卻決定將威廉斯升為總裁，把自己升為國際商業機器公司的主席，仍保留董事長一職。不過，威廉斯比小沃森大四歲，顯然他會更早退休。

他對小沃森說：「我已經辛勞了一生，我現在想在今後有生之年過過清靜的日子。」

一九六六年來臨時，小沃森就不得不物色新的總裁人選了。

小沃森思索著：「誰是最合適的人呢？」

突然他一拍腦袋：「還有誰能比弟弟迪克更合適呢！而且這也是爸爸的遺願！」

迪克比哥哥小五歲，多年擔任國際商業機器公司國際貿易公司總裁。他頭腦靈活，自信果敢，又懂得好幾門外語，外交能力極強。

迪克的成績也是有目共睹的。至一九六〇年，他的國際商業機器公司國際貿易公司的營業額已達三點五億美元，年營業額的增長率是國內部分的兩倍。由於他的勤奮和努力，公司的發展是美國少數幾個能與歐洲經濟奇蹟般發展並駕齊驅的公司之一。

小沃森找到威廉斯：「阿爾，你看將來誰能接我們的班？」

威廉斯與小沃森觀點一致：「我看是應該把迪克調回來了。」

小沃森見威廉斯與自己竟然不謀而合，於是就說出了自己的想法：「好吧，我可以先推舉他擔任高職，樹立一下威信，然後接替你擔任總裁。然後當我到合適的年齡退下來後，由他擔任主席的職務，至少可以幹五年至十年。」

一九六三年的一天，小沃森打電話對迪克說：「你在國際貿易公司成績斐然。父親早就預見過，國際貿易公司的買賣將會做得比總公司還大，看來他說得很有道理。但我現在考慮的是你將是公司第一把手的頭號候選人。現在告訴我，你準備一直待在國際商業機器公司國際貿易公司作為一個國際主義者呢，還是先回來擔任總經理？」

迪克說：「我要先認真地考慮一下此事。」

第二天，迪克就跑來找哥哥了，他說：「如果有機會管理總公司的話，我不妨試試。」

與此同時，國際商業機器公司已準備生產電腦新系統「國際商業機器公司 360 系統」。它的應用範圍十分廣泛，從工商界直至科學界。《幸福》雜誌稱之為「國際商業機器公司的五十億美元大冒險」，並說，「從當前商業觀點來判斷，此項工程現在和將來都有決定性意義，也最具冒險性。」

開發新系統意味著國際商業機器公司將進入巔峰時期。這時，小沃森把迪克推向了櫃檯，讓他和利爾森共同負責「國際商業機器公司 360 型系統電腦」。

利爾森不愧為國際商業機器公司新電腦之父。他一心想讓國際商業機器公司的360型系統電腦戰勝所有其他的電腦。取代它們的將是一代全新的電腦，這個電腦家族具有兼容性，儘管在型號上有巨大的區別，但它們能使用相同的軟體，配置相同的磁盤驅動器、影印機和其他配件設備。一旦客戶使用上這種機器，他們將在長時間裡擺脫不掉對國際商業機器公司的依賴。

從一開始，國際商業機器公司就面臨兩種危險，第一個難題是協調設計新生產線的軟體和硬體。幾十種配套設備都能相互連接使用，軟體仍然是最大的障礙。為了使360型系統電腦長期具備獨特的性能，須設計編寫幾百萬條電腦程式。誰也沒有幹過這樣複雜棘手的事情，工程技術人員是在極大的壓力下工作的。

第二個難題是國際商業機器公司要自己製造電腦的電子零部件。還沒有人把集成電路應用在電腦的開發上，然而360型系統電腦將大量使用集成塊。

威廉斯說：「我們現在搞的是一代全新的電腦，舊的電腦以及它的程式將完全被淘汰，因此怎麼可能從別人那裡買到原件呢？既然我們做的是新一代電腦生意，最好我們自己學會製造。」

小沃森同意了。以前建造工廠極為低廉，每平方公尺的造價僅為四十美元，但生產集成電路塊的工廠要求極為嚴格，無塵的要求使每平方公尺的造價高達一百五十美元。當造價單報來的時候，大家都十分吃驚。

每次董事會討論關於造價問題，董事們總是問小沃森：「你真認為需要花這麼多錢嗎？這是不是獅子大開口？你搞招標了嗎？這些工廠是否太豪華和奢侈了？」弄得他十分被動。

國際商業機器公司本打算在一九六四年四月宣布第一部360型號電腦誕生，然後在十八個月裡逐步淘汰舊的產品，現在的產品可以頂上一兩年。經過科學的測試，360型系統電腦的性能大大優於其他公司最新的電腦產品，然而這些產品的品質已經超過了當時庫存的舊產品，而且相同價格的產品，功能卻比國際商業機器公司的產品多兩三倍。

一九六三年，推銷部門來了一個緊急報告，公司的推銷工作已經頂不住別家公司的競爭了。那年，電腦行業的需求增加了百分之三十五，國際商業機器公司的才增加了百分之七，是自第二次世界大戰後的最低點。

看來唯一的解決辦法是讓360型系統電腦盡早問世。但當時這種電腦系列即將完工，可還沒有進行規定的測試程式。一個較大的危險是，一旦國際商業機器公司開始接受訂單，為了使這項十分複雜的電腦系列的每項產品能及時交貨，所有工廠將立即處於巨大緊張的運轉之中，那可是任何環節都不能出半點差錯。

面對著這項最大、最富冒險的決策，小沃森連續幾個星期都處於焦慮思考之中。

一九六四年四月七日，也就是國際商業機器公司成立五十週年，國際商業機器公司宣布了360型系統電腦製造成功。為了吸引盡可能多的公眾注意，國際商業機器公司在美國的六十三個城市和十四個國家舉行了記者招待會，全世界有一萬名貴賓與會聽取產品介紹。

在紐約，國際商業機器公司租用了一輛專列火車，載著兩百名記者直駛波啟浦夕市，在那裡舉行了最大的新聞發布會。小沃森介紹了360型系統電腦，並向來賓們展示了六種新式電腦和四十四種新式的配套設備。

國際商業機器公司裡洋溢著歡欣鼓舞的慶祝氣氛，一個嶄新的電腦時代即將開始。當時，迪克負責工程和製造方面的工作，利爾森則負責銷售事宜。

迪克雖然還從未開發出一個重要產品，但他以前在歐洲負責國際商業機器公司國際貿易公司的一系列複雜工廠的工作。利爾森本人具有巨大的推動力，並有多年的銷售經驗。

當任命宣布後，小沃森和威廉斯都十分放心，並宣布他們將不再管公司的日常事務。還設置了一個合作行動委員會，由利爾森和迪克共同擔任主席，兩個人共同負責。

工程和製造方面的工作已經取得了巨大的進展，而這項電腦系列的銷售則是從零開始，他們不僅要和競爭對手「鬥法」，還要說服顧客採用360型系統電腦。人們習慣於用原來的機器，一旦要換電腦時，他們總是擔心要重編軟體程式。

小沃森擔心失掉客戶，於是把迪克和利爾森叫到辦公室來，對利爾森說：「如果銷售人員為推銷這些電腦需要新的或者特別的軟體，我希望你能明確而大聲地說出來，我們將安排生產。」

他又對迪克說：「一定要配合銷售部的業務。」

出乎小沃森預料的是，國際商業機器公司在短時間內收到了大量的訂單，比預期的要多得多，新的訂單仍接踵而來。這讓每個人都很高興。

光在軟體開發上，國際商業機器公司一共花了五億美元，這不僅是360型電腦系列中花費最多的專案，也是國際商業機器公司有史以來最大的支出了。

就在宣布 360 型系統電腦開發成功的六個月之後，小沃森在星期一的辦公會議上做了緊急布置，取消了迪克和利爾森共同負責的合作行動委員會，改由一個新的管理檢查委員會來代替。該委員會由五人組成，有威廉斯、迪克、利爾森和小沃森，還有布倫。

這次變換的原因是，迪克和利爾森之間存在著矛盾；小沃森和迪克之間也結了點疙瘩。小沃森時時盯著弟弟在工作中的表現。

一九六四年世界博覽會上，小沃森和迪克一起前往參觀，他們走過剛剛發青的草地來到國際商業機器公司的展品館。

那時候集成電路剛剛問世，在展覽會上一位工作人員介紹說：「這是一種新型的即將崛起的電腦，這種電腦裝有一種電子片，叫做單晶矽片。」

小沃森還是第一次聽說競爭對手們正在開發這種產品，如果他們使用這種陶瓷金屬集成塊的話，那將大大領先國際商業機器公司生產的 360 型電腦系列。他當時聽後很感吃驚，技術是由迪克負責的範圍，於是他問迪克：「這種電子零件到底是什麼？」

迪克也是一臉迷惑的樣子，反問哥哥：「什麼叫單晶矽片？」

小沃森當時馬上大聲地訓斥了迪克：「什麼？！作為負責技術的副總裁，你連這個也不知道嗎？對新技術一無所知，我們想製造出世界上最好的電腦不是天方夜譚嗎？如果不採用這種新技術，那我們的 360 型電腦系列還沒有投放市場就會遭被淘汰的命運！我們壓著五十億美元的賭注，那可是我們的身家性命。快去弄清楚！」

事後發現，國際商業機器公司的科技人員對單晶矽片也已研究好幾年了，所以不存在危險。

一九六五年，數百台 360 型系統電腦終於及時交貨了。

但小沃森卻高興不起來，因為這時迪克和利爾森的關係越來越僵。他們不是互相支持而是相互競爭，利爾森把銷售部的工作做得十分出色，而且不斷地把客戶拉到了國際商業機器公司這邊，但他不斷地要求改進和增加電腦的功能，以便於銷售。

他說：「如果我們的電腦不具備某種功能的話，我們就難以向航空工業界出售。」

當然，小沃森就要求迪克做到這一點。每次迪克總是照利爾森的要求去做，但有一次他終於反擊利爾森說：「我已經對產品定下了規格，我們生產什麼產品，你就去賣什麼產品就是了。」話雖然這樣說，迪克仍然去工程部按要求進一步布置工作，並向工程師們施加更大的壓力，督促他們的工作。

迪克在這樣巨大的壓力下幹得並不出色。他的另一個問題是他對下屬未能造成好作用。他的最高副手是一個修養很好的人，有一次，正在開星期一辦公會議，那位副手來報告說生產出現了嚴重問題，調子還是那樣不緊不慢。這次小沃森實在失去了耐心，大聲訓斥了他。這時迪克插進來為他辯護，小沃森也把他訓斥了一頓。

十月中旬，迪克跑來對哥哥說：「我們的集成電路板又出現了鍍金屬的問題，我們將不得不推遲交貨。」

小沃森聽了一驚，他問迪克：「交貨時間要推遲多久？」

迪克說：「可能要三個月。」

小沃森頓時驚慌起來。在國際商業機器公司的歷史中，交貨從沒有推遲過這樣長的時間。

小沃森立刻把公司最強的工作人員動員起來，要求他們馬上到出現問題的工廠去了解情況。他和威廉斯也一起去，就連早已退休的雷德・拉莫特也被找了回來，讓他提出解決問題的意見。

迪克已經很少和哥哥說話了，這種情況就像當初小沃森與父親的情況一樣。小沃森明白，當初把迪克調到國內總公司來的計劃已鑄成了大錯，這不僅影響了迪克的前途，也影響了兄弟間的個人關係。

小沃森和威廉斯商量：「阿爾，這可如何是好？我已經感到心力交瘁了。」

威廉斯說：「如果要使 360 型系統電腦的生產擺脫困境，我們就必須讓一個『獨裁者』來管理。」

小沃森也有同感：「那最合適的人選就是利爾森了。在過去的幾年中，他一再證明了自己有解決難題的能力，而且原本整個 360 就是由他來負責的，相信這次他也能使 360 型電腦系列生產安然無恙。」

威廉斯說：「我還以為你會選迪克呢，因為他畢竟是你們沃森家族的人。」

小沃森說：「重要的不在於他是不是沃森家族，而在於是否對國際商業機器公司有利。」

威廉斯欽佩地說：「湯姆，你的成功就在於你具有非凡的勇氣。由此我相信，這次我們一定能夠渡過難關。」

小沃森生怕會對迪克產生重大的影響而深感憂慮。一天下午，他把迪克叫到辦公室，對他說：「弟弟，我想告訴你一些事情，也許你聽後會感到不舒服。國際商業機器公司的未來取決於360型系統電腦的開發和生產，現在看來這個計劃的進展情況讓人擔心。我準備整個工程交給一個人去完成，我相信他是能夠使這項工程轉危為安的。那個人選就是利爾森。我想讓你去管理合作部，如何？」

迪克聽後立刻暴跳如雷，並憤怒地說：「你的意思是，整個工程都由利爾森一個人全權負責，我以後在公司裡不過跑跑龍套罷了？！」

從此，國際商業機器公司開始逐漸擺脫了生產的困境。第一批產品儘管不算最好，但維修人員始終使這些機器能良好地運轉。國際商業機器公司後來製造的產品越來越多，品質也越來越高；就連長時間被耽擱的軟體產品最終也順利產出。

一九六六年一月二十六日，董事會選舉利爾森為公司的總裁。威廉斯還擔任董事執行委員會的主席。迪克擔任副總裁、執行董事，他仍然是國際商業機器公司國際貿易公司的主席。

事後的幾個月裡，迪克很少來辦公室。小沃森感到很難過，畢竟那是他的親弟弟。不過小沃森並不後悔，他說：「只要是為了國際商業機器公司，一切都不重要。」

功成身退離開公司

小沃森執掌國際商業機器公司的十餘年中，由於小沃森的開拓性經營發展，國際商業機器公司取得了長足的發展。公司股票上市、實行年薪制，305 型、360 型等不斷更新換代，並推出了 ROTTRAN 語言。國際商業機器公司已經發展成為一個年營業額達七十億美元的大型企業。

同時，小沃森還協助紐約州參議員羅伯特・甘迺迪，發出「向貧窮開戰」的號召，建立各類職業培訓中心、培訓學校，傳授各種專業技能，專門培訓那些無業的人員，然後再把他們招入國際商業機器公司。盡自己最大的可能幫助困難的人，這也是小沃森作為企業家的另一種境界——社會責任感。

一九七〇年，經歷了國際商業機器公司多年的輝煌之後，小沃森開始厭倦了這種沒完沒了的拚搏與決策。當時他已經五十六歲了，開始夢想過一種完全不同於往昔的生活。

在小沃森的辦公桌最上層的抽屜裡，放著一個祕密的單子，當沒有別人的時候，他就拿出來看一看。上面列的都是他希望去進行的「探險」計劃：首先要去攀登麥特山，然後駕船去北極探險航行，還要去合恩角，最後是單獨駕船去天涯海角航行。

他希望能和孩子、妻子歡度餘生，而對工作的熱情正在迅速地揮發和消失。

他想：「匆匆之間過了十五年。父親以前就是這樣終其一生的，我也是天生一個勞碌的命，一直不斷地應付這種快節奏的場面。我不能再這樣下去了，事情看來要玩完了。」

迪克辭去了國際商業機器公司的工作，被政府派往法國巴黎擔任美國駐法大使。看到弟弟能夠晉升，並且能夠以自己的才能為國家服務，小沃森感到心上的石頭也落了地。

那時候，妹妹簡·沃森也因為得了癌症而將不久於人世。當尼克松任命她的丈夫為副國務卿時，她已經病得無法隨同丈夫去華盛頓了。小沃森與妹妹一起度過了她最後的日子，她的死使哥哥十分痛苦。

到了一九七〇年，小沃森的神經衰弱也變得嚴重起來。周圍的人都說他的脾氣變得越來越反覆無常，為一點小事情就會發脾氣，使得很多人沒有非常必要的事，就不會到他那裡自討沒趣。

十一月中旬一個星期三的下午，助理琴・凱希爾走進辦公室，看到小沃森正疲憊地趴在桌子上，她緊張地問：「沃森先生，你還好嗎？是不是不舒服？」

小沃森抬頭看了看琴：「我還好，只是覺得有點累。」

琴說：「要不我還是開車把您送回家去吧！」

小沃森擺了擺手：「不必麻煩了，謝謝。我可以自己開車回去。」

在前一天，小沃森得知他在大學時的好友尼克・路肯的死訊，他也已經病了好幾年了。他想：「難道我們這一代真的都老了？我怎麼沒想到人會這麼快變老！」

小沃森準備第二天清晨去參加尼克的葬禮。

可是當天半夜，小沃森被胸口一陣疼痛弄醒了，第二天疼痛仍然沒有消失。

奧麗芙當時和朋友們正在加勒比海度假，無法立刻趕回來照顧小沃森。小沃森只好自己開車去格林尼治醫院急診室就診。醫生安排小沃森進了觀察室。

第二天早上，小沃森覺得自己已經好了，就對進來檢查的一位醫生說，他想出院。

醫生說：「不行，你要住院治療。」

小沃森著急了：「那哪行，我今天還要去參加一個朋友的葬禮……」

醫生打斷了他：「你哪裡也不能去。你得了心肌梗塞病。」不由分說就用車把他推到了急診室，放進了氧氣帳裡，後來又進來了好幾個醫生，他們看起來都很緊張。

在氧氣帳裡有個話筒，小沃森不無幽默地對他們說：「你們為什麼都聚集在這裡？哦，我知道了，你們每個人都在等待要我付護理費，哈哈……」

話沒說完，小沃森就完全失去了知覺。

等他醒來時，利爾森來到醫院看他，小沃森決定先讓他負責公司的一切。然後，小沃森又給威廉斯打了電話，他現在是公司裡的資深董事，告訴他一切都已經安排好了。

紐博醫生經常和小沃森長談。他走進來，關注地看著小沃森：「沃森先生，您醒了？」

小沃森開玩笑說：「是啊，我真走運，是吧？」

「是啊，您的心臟病很嚴重，要注意保養。」

他們開始談論心肌梗塞方面的事，以及多長時間才能康復。

紐博說：「您是我所見到的病人中最了解心肌梗塞病的人。」

小沃森說：「我會力求避免第二次心肌梗塞。」

「好吧，您出院後計劃做什麼呢？」

「我不知道。也許出院後，過幾年就退休。畢竟我已經五十六歲了。」

紐博直盯著小沃森的眼睛說：「為什麼不考慮現在就退休呢？」

小沃森一愣：「現在？我還沒考慮過。」

紐博不再說話，隨後他就離開了病房。

但小沃森那一天心情都無法平靜。他意識到，管理國際商業機器公司的緊張工作是要付出巨大的精力和代價的，何不現在就以病光榮引退呢？

第二天早上，燦爛的陽光從窗外照進來時，小沃森感覺到這是幾十年來最輕鬆的時刻，他的心情也豁然開朗了。

小沃森通知公司裡的高層：「我要退休！」

大家當然不敢想像，也不願意小沃森退休，他們輪流到醫院來勸小沃森：「您不能退休，國際商業機器公司不能沒有您。」

但小沃森這時決心已定，不容更改。他與董事會達成了協議，先讓利爾森做一年半的總裁，然後由他選中的電腦部美國分部的經理弗蘭克接任。而小沃森自己則擔任董事會執行委員會主席。

一切都安排妥當之後，小沃森離開了他和父親為之奮鬥了五十七年的國際商業機器公司，開始了新的生活。

勇於挑戰探險北極

一九七一年，小沃森在醫院病床上宣布退休，辭去國際商業機器公司董事長職務。現在，小沃森又沉浸在遠航夢想的快樂之中了，他計劃要買一艘速度更快的遊艇。於是立即把遊艇設計師奧林・史提芬請到醫院的病床邊來，還請來了原來那艘遊艇的船長保羅．沃特，他們就在床上設計遠航草圖。

小沃森還抽空閱讀《庫克船長》航海雜誌，這是他從小就喜歡的雜誌。

當迪克知道了哥哥的計劃後，給他寄來了一幅巨大的油畫，畫面是一艘遠航歸來的十九世紀的英國航船進入樸次茅斯的情景。他在畫的下面寫上了一句話：「我希望這是你所收到的最美好的祝願卡。」這使小沃森十分感動。

一個月後，小沃森終於出院了。經歷了心臟病的打擊後，他才發覺自己的身子骨是如此的脆弱。多年來對他而言非常重要的事情一下子從身上卸了下來，小沃森終於如願以償開始實現遠航的夢想了。

由於心臟病，小沃森的飛行駕駛執照被吊銷了。這一切的潛在深處實際上是他對自己生命的恐懼。他深深地認識到，只有遠航才能挽救他的恐懼。

他記起了紐博醫生對他說過：「你要麼成為一個心臟病殘疾人，總是待在醫院附近，準備心臟病第二次發作，好隨時被收留住院；要麼你忘掉醫院的一切，忘掉自己是有病纏身的人。」

小沃森願意做後者，解決的辦法是駕船到遠方去航行，那裡沒有醫院，讓人忘卻病痛。

於是，小沃森偕同保羅．沃特、好朋友艾德．托倫，以及幾個年輕人，駕船駛向那遙遠的紐西蘭島。

在出發之前，艾德去看望了紐博醫生，紐博醫生拿起一個橘子，教他在危急時候如何給小沃森注射嗎啡。

後來果然發生了這樣的事情：當他們在紐西蘭大北島拋錨時，小沃森的心臟病又發作了，他們立刻把他送上岸住進紐西蘭的格林菲爾醫院。

事後，小沃森把恐懼拋到了腦後，又緩過勁兒了，回到船上繼續航行。他們全力以赴地與惡劣的氣候奮鬥了一個月，終於順利地到達了目的地。當他們返航歸來時，奧麗芙早在港口等著了。

尼克松時期的經濟蕭條終於過去了。利爾森接任董事長期間成績斐然。至一九七三年一月，弗蘭克接任利爾森的職務後，公司發展得更快了，當時公司年產值幾近一百億美元。

一九七四年八月，已經六十歲的小沃森又開始了他的夢想：去北極探險！

這一天，小沃森對奧麗芙說：「親愛的，我要讓你看一件寶貝！」

奧麗芙看丈夫高興得像一個孩子似的，不由疑惑道：「什麼寶貝讓你高興成這樣？」

小沃森把妻子帶到碼頭上，奧麗芙看到了一艘新遊艇。她笑了，深情地望著丈夫：「湯姆，我又看到了當年那個英俊威武的空軍上尉！」

小沃森說：「是啊，如果去不成北極的話，這將是我一生的遺憾。你願意跟我一起去嗎？」

奧麗芙太了解丈夫了：「那還有什麼可說的。」

於是他們就出發了……

小沃森在船鋪上被引擎的轟鳴聲驚醒了，一看表才早晨四點，但窗外已經是大亮了。那時，遊艇正在穿過重重的冰山駛向格陵蘭的海岸邊，這裡已深入北極圈五百多英里了。

小沃森穿著睡袍登上了甲板，上面的溫度是零下四十攝氏度，一縷陽光從東北邊的天際照射出來。霧中巨大的冰山依稀可見，在這個地區，冰山如同雲彩一樣普遍。

小沃森少年時代的同伴吉米・瑪丹正在掌舵，他上大學期間曾經來過北極圈探險。在桅頂上的是尼克・史切，是位十八歲的航海新手。他看起來很機敏，討人喜歡。

遊艇上的業餘航海者們幾乎都沒有在這樣遙遠的北極航行過。格陵蘭岸邊的水域裡布滿了無數的冰山，有的冰山足有一英里長，看起來幾乎都是半透明的綠色「晶體」，在它們之間穿行十分困難，它們隨時都有可能把單薄的船隻撞沉。

極目所及的地方就是他們將登陸的史密斯．桑德港，那裡保留了愛斯基摩人的伊塔營地。一九〇九年，探險家皮那海軍上將就在那裡登陸，然後開始了他的八百英里的艱苦跋涉，最後到達北極極地。

小沃森要在從國際商業機器公司退下來後的餘生中，不再讓過去的繁雜的事情在生活中投下陰影。他希望到人跡罕至的地方去進行真正的冒險和遠行。

吉米．瑪丹的一位好友喬治．德拉克曾警告小沃森不要去北極遠航。他給吉米寫了一封信，說那裡冰山遍布，氣候多變，經常突然出現暴風雨，大部分時間都是烏雲天氣，要不就是濃霧籠罩。

但小沃森仍按原計劃由緬因州出發向紐芬蘭進發，然後穿過大衛海峽。為了避開冰山，走的是一條彎路到達拉布拉多海岸。

這是一次雄心勃勃的遠航，船員的組成純粹是一支「雜牌軍」，其中有年輕人，也有老年人，有男人還有女人；而且只有兩個人是有經驗的水手，但他們也沒有到北極航行過。

天氣變幻莫測，經常雲霧瀰漫，能見度極低，由於整日見不到太陽，只能依靠無線電信號來導航。

經過一個星期冰冷的航行，他們終於靠近了格陵蘭的首府戈特霍布。他們在濃密的霧中摸索著前行，由於搞不清去港口的水路，正想停下來。正在此時，突然颳起了一陣風，頓時雲消霧散，藍藍的天空下面有一座城鎮十分壯觀地展現在大家眼前，戈特霍布就坐落在白雪皚皚的山腳下。

格陵蘭在一年六分之五的時間裡都被冰雪所掩蓋。但在夏天，戈特霍布是一處十分可愛的地方，大地一片盎然綠意，野花競相開放，還有一些低矮的綠樹，景緻真是美極了。

船剛剛靠上港口，奧麗芙和幾個朋友就急不可待地飛奔到港口的人群中去了。

小沃森在那裡僱用了一名愛斯基摩的破冰好手，他叫拉爾斯·傑恩森，剛從航海學校畢業。

駛離戈特霍布繼續向北航行幾天後，小沃森突然發現，遊艇後部發出了摩擦聲。當時拉爾斯正在艙下玩牌，小沃森在甲板上發出了幾次警報鈴聲都未見他上來。後來一位船員說：「這種如同船體碰到石頭的聲音在艙下也聽到了，這種情況常常有驚無險。」

他們繼續沿著格陵蘭的海岸線向冰島的迪斯科港駛去。冰島曾經是捕鯨者們聚集的地方。小沃森從童年就開始極有興趣地閱讀探險家們去北極探險的故事。

七月十二日，終於進入了北極圈，那裡景色奇麗，極目望去，到處都是峽灣和冰山，景像極為壯觀。但就在七月十八日的清晨，突然從家裡傳來一個不好的消息中斷了小沃森的這次航行：迪克在他新坎南的家裡出了一點意外，你必須盡快回家。

小沃森心裡一沉：迪克當時只有五十五歲，但身體一直不好，一年前他剛剛得了一次心肌梗塞，正在復原之中。

小沃森和奧麗芙從一百五十七英里外弄來了一架直升機就匆忙趕去機場，然後直飛康乃狄克州，趕到醫院的時候，迪克已經不可挽救了。

在迪克的葬禮結束後，奧麗芙仍然留在那裡安慰迪克的妻子南茜。小沃森又直接返回到遊艇上，因為迪克的死對他打擊太大，待在那裡，只會讓自己和他們一起痛苦。

八月上旬，船已經深深地進入北極圈內了。小沃森曾參加過無數次航海比賽，對各種海上情況都比較熟悉，但現在海上的情景卻是他以前從未見到過的。海水是黑色的，一片平靜，時而被已經有點刺骨的微風吹起一點波瀾。海面上布滿著各種各樣的鳥類，有海鷗、野鴨，還有一些叫不上名字的巨鳥。

他們有時在冰山中穿行，這裡午夜太陽仍然不落，還射出縷縷半透明的藍光，分外妖嬈。

突然，許多巨大的冰塊互相碰撞擠壓後發出的聲音打破了這一片寧靜祥和，當地的漁夫把這叫做「巨靈嚎叫」。

這裡的天氣真是晴空萬里，大家為了不錯過此生難得的機會，午夜都集中在船尾的甲板上觀看不落的太陽在遠處地平線作圓周旋轉。

有時候，遊艇會被三四尺高的波浪撞擊得搖晃起來。他們每兩人為一班，晝夜值班看護著船。任何人如果發現冰山，或者天氣突然變化都要及時告訴小沃森。

他們繼續向前航行，伊塔營地就在前面一百五十海里。當穿越史密斯海峽時，冰山越來越多，拉爾斯・傑恩森一直在桅杆那裡全神貫注地遠眺遠方洋面，謹慎地搜尋海面上可能出現的巨大冰山。

他們決定向東航行，去一個愛斯基摩人居住的叫奎奈克的村落，拉爾斯在那個村裡有幾個熟人。我們的遊艇緩慢地向前行駛了十二個小時，西南方六英里的地方有一些木棚依稀可見，那就是奎奈克。

就在這時，前面出現了巨大的冰塊擋住了去路，船無法前進了。拉爾斯說：「我們能夠到達那裡，我要設法使我們進村去。」

但遊艇未加保護罩的螺旋槳，僅在水下三碼的深處，船體只有四分之一英吋厚的鋁板，不能硬闖，只能繞過去。

一個水手來報告：「我們被冰山夾住了，既前進不了，也無法後退，怎麼辦？」

小沃森看過一些探險的書，他馬上說：「我們必須離開這兒，否則冰越來越多，我們會被困在裡面的。」

拉爾斯說：「那還不是最糟的。如果被運動的冰山擠翻了，那才要命。」

小沃森不由得想起了第二次世界大戰時在蘇聯執行任務途中的一幕。他此時現出了無所畏懼的軍人氣質：「我們一定能闖出去！」

他們決定讓船向後退，謹慎地退向較好的水面，經過了三個小時的奮鬥，才好不容易繞出了巨大的冰塊群。當時離北極極心約三百七十英里。

第二天下午，他們就停靠在空軍基地巨大的加油碼頭邊上。衛兵看到他們的遊艇後非常吃驚。沒多久，基地司令官和一群丹麥軍官走來歡迎他們。

小沃森告訴他們：「我們將向北面繼續航行。」

小沃森終於征服了北極，也贏得了他生命中的又一個挑戰！

重溫舊夢與世長辭

一九七七年夏天，小沃森正在諾思黑文擬定去智利合恩角航行的計劃，電話鈴響了。此時是吉米・卡特當選美國總統的第一年，電話是新任國防部長哈羅德・布朗打來的，他說：「我和國務卿萬斯都認為你應當來華盛頓幹點事情。」

當小沃森從國際商業機器公司退休時，萬斯也是公司的董事，他們很熟。

小沃森說：「布朗，我現在正舒舒服服地坐在椅子上欣賞著窗外的景色，為什麼要去華盛頓呢？」

布朗答道：「哦，那是因為卡特總統希望你出任軍備控制和裁軍諮詢委員會的主席。」

一九七九年五月，就在小沃森全身心地投入軍控咨委會的工作並自得其樂的時候，《紐約時報》突然披露了一則消息：「美國駐蘇聯大使馬爾科姆·托恩即將退休離任，哈里曼推薦國際商業機器公司的小沃森來替代托恩。」

一九八一年一月，當小沃森從莫斯科回來時，離他決定從國際商業機器公司退下來剛好十年。這豐富多彩的十年又使他的身體恢復了健康，終於擺脫了公司的業務，實現了冒險旅行的計劃，而且還在公共事業方面為家族贏得了榮譽。

早在得心臟病時，聯邦航空管理局吊銷了小沃森的飛行執照，兩年後又發還給了他。

小沃森首先想到的是學習駕駛一種新的機種來激發自己的生活。所以他參加了波士頓直升機訓練中心的訓練班。每天上午接受一個小時的飛行訓練。他得意地想：「自己真是一位天才的飛行員。」大約在空中飛行了三十五個小時後，他就對教練說：「我想我現在可以單飛了。」

教練回答說：「沒關係，你什麼時候想單飛都可以。」

兩個星期後，小沃森順利地得到了直升機駕駛執照，還買了一架比爾・簡特型直升機。

早在上大學期間，小沃森就能駕駛十五種機型；第二次世界大戰時，他也駕駛過三十種不同的飛機。他一直樂此不疲，這與他喜歡挑戰的性格有關。

從開一種飛機到改開另一種飛機，那是一種真正的挑戰。小沃森就是經常盡最大努力去經受挑戰的考驗。許多認識他的人都說：「你們看吧，那老小子早晚有一天會栽到地上的。」

但飛行使小沃森心曠神怡，在退休後的前五年，他又累計飛行了兩千個小時。這比一個航空公司的駕駛員的飛行時間也少不了多少。他永遠在規劃著自己的時間，以使自己過得充實、再充實，這也就是他經營國際商業機器公司所持的精神。

回到格林尼治的家後，小沃森情緒一直不高。奧麗芙對他說：「為什麼不輕鬆輕鬆呢？看望一下你的孫兒們，再去加勒比海轉轉。」

小沃森照奧麗芙說的去做了，但回來後還是感覺沒有什麼意思。於是，他又開始把精力集中到飛行和航海活動中去，開始單獨駕船穿越加勒比海。

這次航行只有一千英里，但一個人駕船航行實在嘗夠了孤獨和恐懼的感覺。回來之後，小沃森又著手組織一次由一組業餘海員參加的遠航。

一九八五年末，小沃森終於如願以償地實現了長時間被推遲的周遊合恩角的遠航計劃。第二年的夏天，他們又北上沿著拉布拉多海岸直至達哈得遜灣。

進行這些探險，讓小沃森一次次感到驕傲和自豪，但每次探險後的熱情又激勵他很快去籌劃另一次冒險航行。

一九七九年，小沃森曾要求蘇聯准許他再度橫穿西伯利亞，沿著他在第二次世界大戰時載著福利特將軍飛行的路線，做一次「回顧飛行」。

小沃森先是和蘇聯的高級官員阿巴托夫討論，阿巴托夫認為沒有什麼問題。但當小沃森拿出地圖，指給他看當時穿越西伯利亞的租用航線時，他面有難色說：「這可不太容易解決啊！」

一九八七年春天，戈爾巴喬夫上台，蘇聯開始尋找和美國改善關係的途徑。在一次外交關係委員會的會議上，小沃森再次偶遇阿巴托夫，他對小沃森說：「湯姆，現在可以了，你現在可以駕著你的飛機，實現你的回顧飛行了。你只要和蘇聯航空公司聯繫中途加油事宜就可以了。」

小沃森聯繫了副駕駛員鮑伯．菲伯特，他多年來是國際商業機器公司的優秀駕駛員。小沃森還希望奧麗芙能和他同行，但她因有病臥床而只好待在家裡。小沃森就帶上了十六歲的孫子威利同行，還有蓋瑞森和他的夫人，以及《時代》雜誌在軍備控制問題上的著名記者史特羅比．塔布特。

一九八七年七月五日，他們從威斯特切斯特機場出發了。

兩天後，他們就進入了蘇聯到達了莫斯科，阿巴托夫發來電報告訴說：飛機可在下午五點三十分後進入莫斯科機場。

飛機非常準時地在莫斯科機場降落。阿巴托夫和馬祖魯克將軍從車上下來迎接他們。馬祖魯克是蘇聯的傳奇飛行員，他在第二次世界大戰期間擔任阿拉斯加至西伯利亞空中專線的司令。他已經八十歲了，大戰期間空中專線行動是他一生中輝煌時期中的一段，他也是在戰爭中與小沃森結下了深厚的友誼。

當馬祖魯克走向飛機時，他的臉上掛滿了淚珠，他伸開兩臂擁抱著小沃森，吻著小沃森的兩頰：「湯姆，你還好嗎？」

儘管小沃森剛剛降落，情緒還沒轉過來，但他也早已熱淚盈眶了：「我還好，馬祖魯克將軍！」

兩位第二次世界大戰的老兵緊緊地擁抱在一起。當晚，蘇聯方面舉行了宴會，還有好幾個人陪餐。他們讚頌了小沃森在戰爭時期的貢獻。

在莫斯科停留了一個星期，檢查和確保為這次飛行所要做的一切事情都已安排就緒。小沃森也在此期間再次會見安德烈・葛羅米柯。此後戈爾巴喬夫把他提升為蘇維埃主席團主席。

七月十三日，星期一，小沃森終於能再次穿越西伯利亞了。他們每天只飛行四五個小時，晚上就住在偏僻的城鎮上。

在飛行途中，小沃森回想起福利特將軍在機艙裡為了驅趕寒氣不被凍僵，不斷地喝伏特加酒的情形。但現在的這架噴氣飛機的設計是符合高空飛行要求的，所在的飛行高空溫度一直與西伯利亞的嚴冬一樣寒冷，它能經住高強冷的侵襲。

在飛行操縱空間，小沃森透過窗戶向下面望去，再次為壯麗的俄羅斯山河而陶醉。

最後，他們終於到達了雅庫茨克。小沃森又回想起那個暴風雪的日子，他差一點墜機身亡。現在這裡已經是一個明亮而又朝氣蓬勃的新興城市了。當飛機終於在跑道上降落的時候，小沃森對機場的巨大變化感到十分驚訝。

在一九四二年，那時所謂的機場不過是在一片開闊地上有一條柏油跑道，而現在已經發展成一個航空中心了，那裡停放著各種型號的飛機群。

小沃森不由唏噓不已。第二次世界大戰中在蘇聯的這段經歷，在他心裡留下了難以磨滅的記憶。也正是這段經歷，使他脫胎換骨，重新做人。

在開始本次飛行前，小沃森向當地博物館的老館長提供了戰爭期間在這條「租借飛行線」上飛行活動的照片。他安排了一次小小的展覽。小沃森發現，他和戰友們的照片也被展了出來。

在那天下午，小沃森在勒那河的河濱散了一個小時步，在那裡回顧了他的一生。福利特將軍就是在這裡提升了他，從此，他贏得了全體同事的信賴，並成為他們的領導。

小沃森放眼向大河望去，這是他第一次看到河面沒有冰封的情景。他心潮起伏：「無論我的生命將延續很多年，還是就將終止在明天，此時故地重遊總算實現了我的夙願。」

這就是小沃森的最後一次歷險。

一九九三年十二月，七十九歲的小沃森因中風引起併發症與世長辭，結束了他傳奇而豐富的一生。

附錄

不滿足現狀，不貪圖安逸，追求自我，這是使人前進和騰飛必不可少的動力。

——小托馬斯．沃森

經典故事

利用拿破崙的祕訣

小沃森作為國際商業機器公司第一任總裁老托馬斯的長子，可以說是在自我懷疑的煎熬中長大的。當意識到自己的父親最終要讓他領導當時已經成功的國際商業機器公司時，他居然哭了出來。他對母親說：「我可幹不了這個。」

但是，小沃森懂得什麼才是真正的勇氣，他戰勝了恐懼。在克服自己的恐懼的過程中，小沃森遵循的是拿破崙贏得勝利的祕訣。拿破崙是一位偉大的軍事統帥。為了減輕對未知的恐懼，拿破崙針對各種可能出現的情況作出安排，認真加以研究和推斷，就他可能遇到的各種挫折或失敗的可能性得出結論，然後有的放矢地進行籌備。

小沃森學會了如何克服自己的恐懼並採取了大膽舉措，將國際商業機器公司，乃至整個世界帶進了電腦時代。驅使他不斷向前邁進的那種雄心和抱負是基於他的這樣一種恐懼，就是公司生產的製表器會變得過時。由於擔心公司會在一個日新月異的行業中落後於競爭對手，小沃森便招賢納士並要求他們創建一個新的電腦產品系列。

小沃森對此總結說：「大多數恐懼的根源是無知。在任何方面，你掌握的知識或技能越多，你的恐懼就越少。」

五十億美元豪賭的教訓

國際商業機器公司在一九六〇年開發突破性的360型大型主機，當時小沃森把整個國際商業機器公司都押上了。這個專案總成本超過五十億美元，是有史以來最大的企業研發專案。

為什麼在360型電腦研發上國際商業機器公司會投入如此之多？很重要的原因是，這個專案遭遇到了各種挫折，費用一再增加。甚至在360型電腦推出之後，國際商業機器公司還又不得不花費幾年、再花費五億美元設計它的軟體，這筆錢是360型電腦專案中最大的一筆投資，幾乎消耗了公司所有的資金，國際商業機器公司甚至需要靠緊急貸款來發工資。

儘管經歷很多挫折，幸好小沃森費盡周折，還是成功地解決了這些問題。

小沃森由此想到：「我要吸取教訓，必須建立制度，讓後來者不會重犯這些問題。」因此，他要求時任副總裁的弗蘭克去設計一個制度，確保這類問題不再出現。

英明的管理者

有一天，小沃森正坐在辦公室裡讀文件，突然，闖進來一位中年人，大聲嚷嚷道：「我還有什麼盼頭！現在幹著因人設事的閒差，有什麼意思？！」

這個人是「未來需求部」的負責人，名叫伯肯斯托克，他是剛剛去世不久的公司第二把手查利的好友。由於查利與小沃森是對頭，伯肯斯托克就認為查利一死，小沃森一定會將矛頭對向他，於是準備辭職走人。

小沃森雖然脾氣暴躁，可是面對故意找碴的伯肯斯托克，卻並沒有發火。他認為，伯肯斯托克是個難得的人才，雖然他是已故對手的下屬，性格又桀驁不馴，但為了公司的前途，小沃森還是想讓他留在這裡繼續工作。

最後伯肯斯托克被說服，留在了公司裡。後來，他給了小沃森極大的支持，也正是由於他們倆的攜手努力，才使國際商業機器公司逃離了滅頂之災，並走向一個更高的發展平台。

小沃森不僅挽留了當初不喜歡自己的伯肯斯托克，而且還提拔了一批他並不喜歡但卻有真才實學的人。

他說：「我總是毫不猶豫提拔我不喜歡的人。那種討人喜歡的助手，則是一個溫柔陷阱。相反，我總是尋找精明能幹、愛挑毛病、語言尖刻、幾乎令人生厭的人，他們能對你推心置腹。如果你能在工作中重用這些人，耐心聽取他們的意見，那麼，你就能取得無限的成就。」

愛與爭論並存的父子

一九五〇年，小沃森的業務技巧已漸趨成熟，但只是個執行副總裁，父親卻清楚地表示，倘若兒子想掌握更大的權力，就必須在每一個問題上繼續和他爭吵。爭吵終於以父子相對唏噓而結束。他們互相擁抱，發誓不再爭吵。可有時小沃森又開始抱怨他的態度太粗暴，父親大聲喝斥道：「我已經沒有太多時間來跟你囉唆，那是我教你工作的唯一辦法。」

一次，小沃森有事未回自己的家，便在父母那裡住了一夜。那天父母恰好外出參加社交活動，回家時小沃森早已入睡。他的父親假裝和兒子道晚安，故意把兒子叫醒。他坐在床邊椅子上，說過幾句玩笑話後，便要和兒子討論開闢西部地區銷售業務的問題。

這是小沃森研究了很長時間剛剛解決的問題，可父親又一次否決了兒子的處置方法。小沃森怒不可遏，睡意頓消，立即和他大吵起來。父親臉色鐵青，下顎顫抖著，氣氛緊張到了極點。

已是凌晨一點半，聽到屋裡一聲高過一聲的爭吵聲，小沃森的母親不得不來到兒子的房門口勸架，他們才又化干戈為玉帛，決心永不再吵。

可是不到兩個星期，新的意見分歧又再度升級為一場白熱化的爭論。天下竟有如此父子，愛與爭論永遠並存，互相折磨，永不休止。

年譜

1914年，出生於俄亥俄州的代頓市。同年，父親老托馬斯加盟國際商業機器公司的前身計算製表記錄公司。

1919年，參觀位於代頓的磅秤廠，第一次接觸國際商業機器公司。

1924年，計算製表記錄公司改名為國際商業機器公司。

1927年，進入中學，第一次飛行旅行，第一次看有聲電影。

1933年，中學畢業進入布朗大學。

1937 年，大學畢業。到歐洲、遠東旅行，進入國際商業機器公司的銷售學校學習。

1939 年，銷售學校的學習結束，成為一名國際商業機器公司推銷員。

1940 年，應徵入伍，成為一名飛行員。

1941 年，與奧麗芙結婚。

1942 年，進入利文沃斯學校學習。

1946 年，重返國際商業機器公司，同年升任副總裁。

1949 年，任國際商業機器公司執行副總裁。

1952 年，升任國際商業機器公司總裁。國防電腦問世。參與 SAGE 計劃。

1954 年，小型電腦國際商業機器公司 650 型產品問世，在商界颳起一股 650 旋風。

1955 年，新型商用電腦國際商業機器公司 702 型產品問世。

1956 年，接任國際商業機器公司執行長職務。父親去世。改組國際商業機器公司，公司股票上市。國際商業機器公司銷售額達到四億美元。

1957 年，研製開發國際商業機器公司 305 型機器，第一個電腦磁盤儲存系統。推出 ROTTRAN 語言。

1958 年，實行員工年薪制，並開始實現職工入股。

1961 年，國際商業機器公司銷售額達到二十億美元。

1964 年，開發國際商業機器公司 360 型系列機器。

1966 年，國際商業機器公司 360 型產品收入四十億美元，純利潤十億美元。

1970 年，國際商業機器公司產值突破七十五億美元，全世界百分之七十的電腦都來自國際商業機器公司。

1971 年，因病退休，辭去國際商業機器公司董事長職務。

1977年，出任美國軍備控制和裁軍諮詢委員會主席。

1979年，出任美國駐蘇聯大使。

1987年，最後一次探險，駕機返回故鄉，駕機重返第二次世界大戰時開闢的美蘇運輸航線。

1993年，因病去世。

名言

- 敢於夢想，並忠實於夢想。
- 誠實是一個人做人的基本態度。
- 日常工作應該由機器來完成，而不應該是人。

● 有時苛刻並不是一件壞事，它能激發你的潛力和自信。

● 擁有一支高素質、能打硬仗的員工隊伍，是企業決勝的關鍵。

● 面對挑戰，從不怯懦，勇往直前，必能在商戰中立於不敗之地。

● 有時候，學習成績可能並不意味著一切，千萬不要因此而喪失信心。

● 處理棘手問題和善於用人，是一個成功的領導者有別於其他人的特殊才能。

● 良好的習慣和興趣的培養是從小開始的，它會影響一個人一生的修養和前途。

● 不滿足現狀，不貪圖安逸，追求自我，這是使人前進和騰飛必不可少的動力。

● 風險與機遇是並存的，如果因畏懼風險而裹足不前，企業又怎麼能夠抓住機遇呢？

● 看清自己的內心並不容易，要勇敢地面對它。多聽聽別人的意見，也許並不是壞事。

● 一個人的自我約束其實是很難的，但是一旦克服了人性的弱點，那他就會成為一個偉大的人。

● 作為一個領導者，必須要懂得如何與人相處。我深深地體會到了父親「要尊重每一個人」的珍貴。

● 要想成功是很難的，必須要有豐厚的積累才行。如果沒有堅實的基礎，那理想就無異於空中樓閣。

● 戰爭是一把雙刃劍，從這個意義上講，戰爭中沒有勝利者。熱愛和平，維護和平，是我們每一個人義不容辭的責任。

● 旅行可以開闊人的眼界，豐富人的閱歷，尤其是會使你對人性有更深刻的認識。人生的閱歷是一筆無法用金錢購買的財富。

● 父親用自己的一舉一動來影響我，薰陶我，使我的言談舉止帶上一副紳士的派頭。他認為這是待人接物的最重要的技巧。

- 孩子們有時可能無法理解父母嚴格的教育，但是正是這種嚴格的教育使孩子能夠從小養成良好的品格，為將來成才打下良好的基礎。
- 企業的成功除了產品市場的廣闊外，很大程度上得益於企業形象的推銷；而企業家的人格魅力也無疑是對企業形象推銷的有力促進。
- 對任何一項工作，分歧都是難免的，關鍵看你怎麼去對待它。一方面要堅持自己正確的觀點，另一方面也可以採取某些迂迴的方式解決。
- 父親清楚地表示，倘若我想掌握更大的權力，就必須在每一個問題上繼續和他爭論下去。看來這就是他培養我、鍛鍊我、造就我的一套辦法。
- 不要依賴自己的家庭背景。家庭環境對一個人的成長有著非常重要的意義，但這並不意味著家裡要有多少錢，在經濟條件上有多麼富裕，最重要的是對於一個人世界觀、人生觀和價值觀的培養。
- 當我還是個不諳世事、學習成績相當糟糕的孩子時，父親給我的是愛和鼓勵；當我成了一名推銷員時，他給我以不遺餘力的幫助；但是當我行將執掌擁有成千上萬職工的企業大權時，他卻迫使我在每一個重大問題上和他爭論，使我了解他思考和處理問題的方法。

● 父親和我在從事他所開創的事業過程中，既充滿了愛，又貫穿著無數次不同意見的爭論。他使我逐漸懂得了應該如何對待權力的道理。我還學到了許多望子成龍的父親應有的經驗教訓。當孩子們問我，他們究竟是否應該繼承父親的事業，我的回答是：能則為之。

國家圖書館出版品預行編目（CIP）資料

從飛行員到 IBM 總裁：敢於夢想，並忠實於夢想的小托馬斯．沃森
/ 趙一帆 著．-- 第一版．
-- 臺北市：崧燁文化，2020.3
面；　公分

ISBN 978-986-516-199-6(平裝)

785.28　　109001501

書　　名：從飛行員到 IBM 總裁：敢於夢想，並忠實於夢想的小托馬斯．沃森
作　　者：趙一帆 著
責任編輯：楊佳琦

發 行 人：黃振庭
出 版 者：崧燁文化事業有限公司
發 行 者：崧燁文化事業有限公司
E-mail：sonbookservice@gmail.com
粉 絲 頁：https://www.facebook.com/sonbookss/
網　　址：https://sonbook.net/
地　　址：台北市中正區重慶南路一段六十一號八樓 815 室
Rm. 815, 8F., No.61, Sec. 1, Chongqing S. Rd., Zhongzheng Dist., Taipei City 100, Taiwan (R.O.C)
電　　話：(02)2370-3310　　傳　　真：(02) 2388-1990

定　　價：420 元
發行日期： 2020 年 3 月第一版